Tenemos que hablar

Rubén Amón

Tenemos que hablar

La conversación en los tiempos de la censura, la soledad y la tecnología

ESPASA

Espasa es un sello de Editorial Planeta, S. A.
Avda. Diagonal, 662-664
08034 Barcelona
www.planetadelibros.com
www.espasa.es

Primera edición: noviembre de 2024

Diseño de cubierta: Planeta Arte & Diseño
Imagen de cubierta: René Magritte, VEGAP, Barcelona, 2024. Foto: © Christie's Images/Bridgeman Images/ACI
Dibujos de microexpresiones: © Marcos Balfagón

Preimpresión: Safekat, S. L.

ISBN: 978-84-670-7499-4
Depósito legal: B. 18.142-2024

Printed in Spain - Impreso en España
Impresión: Black Print

PEFC Certificado
Este libro procede de bosques gestionados de forma sostenible
PEFC
PEFC/14-38-00305
www.pefc.es

A Carlos Alsina

Las conversaciones son peligrosas…
si se tiene algo que ocultar.

Agatha Christie

La verdad solo puede emerger al final de una conversación,
y en una conversación genuina
(es decir, aquella que no es un soliloquio disfrazado)
ninguno de los interlocutores sabe o puede saber a ciencia cierta
cuándo llegará a su fin (en caso de que lo haya).

Zygmunt Bauman

No erréis; las malas conversaciones corrompen las buenas costumbres.

Corintios 15:33-34

Índice

Prólogo
Un cuadro de René Magritte

La idea de este libro, de este ensayo, me la sugirió la editora Ana Rosa Semprún en una conversación de sobremesa. Le pareció que podía interesarme abordar el lugar de la palabra, de la charla, en una sociedad malacostumbrada a la deshumanización y a la religión de la tecnología, de tal manera que la gran paradoja de la era de la hipercomunicación consiste en el aislamiento, en el ensimismamiento, en la precariedad de las relaciones personales cada vez que nos esclavizan los *smartphones*.

Y no es cuestión de recelar de sus cualidades ni de sus virtudes, sino de sopesar los inconvenientes y de observar hasta qué extremos se ha deteriorado la calidad de la conversación. No se habla en las familias como sucedía antaño ni se concibe una charla de amigos con el móvil apagado o en la chaqueta. La mejor imagen de las intenciones de este ensayo podría resumirse con un grupo de cinco colegas reunidos en una mesa y mirando cada uno su terminal telefónico, como si ejerciera un poder magnético.

Está claro que la tecnología ha mejorado nuestras vidas y que el desarrollo tecnológico fomenta contactos y relaciones que antes resultaban imposibles. Podemos hablar a través de la pantalla con un familiar que se encuentra en

Australia sin gastarnos un euro en la experiencia. Y hemos estimulado toda suerte de comunicaciones en nuestros grupos de WhatsApp, pero el móvil, las *tablets* y otras soluciones alternativas han suscitado un grado de dependencia —de adicción— que perjudica la conversación de los adultos y daña la sociabilidad de los menores.

Se explica así mejor el título imperativo de este ensayo: *Tenemos que hablar.* No es un manual de autoayuda, pese a las resonancias comerciales del epígrafe. Tampoco se trata de evocar el mandato que identifica la salida (o la entrada) de una crisis conyugal («cariño, tenemos que hablar»). «Tenemos que hablar» quiere decir que deberíamos reflexionar sobre la crisis de la conversación. Y no solo por el impacto lesivo o nocivo de la tecnología, sino porque nuestras sociedades abiertas se resienten del efecto perjudicial de la censura (y de la autocensura) y porque la cohibición de nuestras charlas se añade al problema endémico de la soledad. Estamos solos en compañía de personas solas a través de las redes y de las comunicaciones. Y ha prosperado un inquietante proceso de deshumanización que se explica en el aislamiento o que se manifiesta en las relaciones fingidas con que exploramos las redes sociales. Construimos personajes. Nos ponemos en relación con otras ficciones. Alardeamos de una vida que no tenemos. Ligamos desde la impostura. Y no hacemos otra cosa que hablar sin decir nada. Nunca hemos leído y escrito más en la historia de la Civilización, pero los canales que utilizamos —WhatsApp, Telegram y las demás variantes— redundan en la superficialidad de la experiencia.

Y no es cuestión de idealizar el pasado, sino de diagnosticar los síntomas de una sociedad que necesita definirse en claves audiovisuales —el *homo videns*, del que hablaba Giovanni Sartori—, que está perdiendo la capacidad de abstracción y que está incurriendo en una suerte de silencio tecnológico.

Podríamos quedarnos totalmente mudos sin que el hipotético trauma condicionara nuestra manera de relacionarnos. Lo seguiríamos haciendo con el chateo, los memes y las memeces. Mantendríamos vigente nuestro perfil dopado en las redes sociales. Y perseveraríamos en los vínculos impersonales, sin profundidad, compromiso ni la menor enjundia.

Es todo lo contrario de la imagen que pretende trasladar la portada prestada de este ensayo. Prestada quiere decir que es un cuadro de René Magritte concebido en 1963 y titulado, precisamente, *El arte de la conversación*. Forma parte del repertorio surrealista del pintor belga y se resuelve en unas medidas discretas (46 × 38 cm), aunque el mayor interés del óleo se encuentra en la charla suspendida que mantienen los señores del frac y del bombín.

Se les observa ensimismados en la palabra, suspendidos en un acrobático ejercicio de abstracción que les permite despegar de la tierra y suspender las referencias espaciotemporales. No sabemos de qué están hablando. Ni es necesario aludir a una conversación metafísica para elevarse. La buena conversación fluye sin un propósito, transcurre sin una intención, aunque su mejor cualificación requiere el cumplimiento de ciertas reglas.

El civismo. Saber escuchar. Atreverse a exponer los propios argumentos. Ser conscientes de la alteridad. Admitir que nuestras certezas pueden rebatirse y desmoronarse. Fomentar un sentimiento, un compromiso. Sanar al prójimo con las palabras adecuadas. Eludir el egocentrismo. Evitar los tópicos y los clichés (y el dinero y las enfermedades). Renunciar a las *boutades* y las descalificaciones.

Valorar que la conversación no debe consistir en monólogos encadenados. Y nunca citar a Hitler en vano.

Son algunos de los consejos que aparecen en el libro, aunque el ensayo que tienen ustedes delante también reflexiona sobre la importancia del silencio, sobre la capacidad terapéutica de la charla, sobre la relevancia categórica del lenguaje no verbal y sobre la trascendencia de la conversación en la historia de la humanidad, empezando por el hallazgo del diálogo socrático.

Nos enseñó Sócrates a preguntarnos las cosas, a dudar de nuestras convicciones y a tejer el misterio de la dialéctica entre unos y otros, como si estuviéramos construyendo un gran relato del que somos herederos y continuadores. Ninguna cualidad es más humana que la conversación.

Renunciar a ella por el influjo de la tecnología implica un retroceso que no deberíamos permitirnos. Sería una manera disparatada de sabotearnos. Y de ceder a la tiranía adictiva de las redes que nos capturan como los insectos de una tela de araña al acecho. El progreso científico identifica nuestro tiempo tanto como lo hacen la charlatanería y la credulidad. La comunicación se resiente de la toxicidad y del fango. Por eso necesitamos desarrollar un espíritu crítico cuya lucidez procede de la noción de la palabra. Hay personas que hablan para decir algo. Las hay que dicen algo para hablar. Discriminar unas de otras identifica el umbral positivo o negativo de la conversación en el país sagrado de los tertulianos.

Tiene sentido dedicarles el último capítulo porque yo mismo formo parte de ellos y porque la tertulia política, deportiva, del corazón o de sucesos, estiliza e identifica la predisposición de los españoles a hablar en el bar, en la sobremesa, en la pandilla o en la sala de espera del dentista.

I
No mencionarás a Hitler en vano (cómo debe ser una buena conversación)

Puede que el comienzo de este capítulo contradiga el propósito del título mismo. La mera idea de mencionar a Hitler —acabo de hacerlo— en el primer párrafo implica un asalto a las recomendaciones de utilizar —de no hacerlo— al Führer en vano. Incurro por la misma razón en un encabezamiento sensacionalista, aunque sea con el propósito de ahuyentar las imitaciones.

Ninguna conversación de enjundia debería acudir a Hitler, siempre y cuando no estemos charlando del nazismo y de analogías políticas o históricas con sentido. Aludir al Holocausto sin motivo anula el valor de cualquier propósito dialéctico de mínima o máxima expectativa. Y lo mismo puede decirse de otros maximalismos. Pedro Sánchez no es un dictador. Ni Pablo Iglesias es Stalin, por ejemplo, del mismo modo que las feministas más aguerridas tampoco son feminazis ni Santiago Abascal simboliza la reencarnación del caudillo. Quiere decirse que una conversación de altos vuelos o de vuelo rasante se malogra en cuanto cualquier interlocutor recurre a una *boutade* megalómana. Las comparaciones desproporcionadas sabotean una charla constructiva, invalidan cualquier intercambio de ideas o de criterios.

Lo percibió con claridad el abogado estadounidense Mike Godwin cuando acuñó a principio de los años noventa los matices de una ley cuya vigencia universal sigue resultando inequívoca: «A medida que una discusión en línea se alarga, la probabilidad de que aparezca una comparación en la que se mencione a Hitler o a los nazis tiende a uno».

Podría decirse que la alusión al nazismo describe tanto las conversaciones que se han dilatado en exceso como las que se resienten de frivolidad. Mentar a Hitler equivale a reconocer que se ha perdido el debate. No es un comodín, sino un acto de capitulación. Y no solo cuando las analogías descuidan toda proporcionalidad («el metro está tan abarrotado que parece que vamos en vagones a Auschwitz»), sino también cuando la medida no es tan elocuente. ¿Un ejemplo? Al poco de iniciarse en 2022 la guerra de Ucrania, circuló viralmente una falsa portada de *Time* que retocaba la imagen de Putin con el bigote de Hitler. Y que enfatizaba la relación entre ambos a la sombra de un titular elocuente: «El retorno de la historia».

La repercusión de la portada *fake* no contradice la actualidad y el oportunismo de las analogías. ¿Es Putin como Hitler?

La mera pregunta sobrentiende la idoneidad del debate, pero conviene atajarlo en su mismo origen: no. La conclusión no relativiza la ferocidad del tirano ni su peligro geopolítico. Putin es un autócrata, un híbrido de zar y jerarca soviético, un supremacista eslavo, un sujeto glacial que cultiva el imperialismo y que ejerce la megalomanía y el mesianismo.

Putin encaja perfectamente en la familia de los tiranos. Y debe juzgársele como tal —tomándoselo muy en serio—, por mucho que resulte tentador considerarlo un epígono de Hitler a cuenta de su ferocidad expansionista y de sus operaciones militares. Putin aspira a un nuevo orden geopolítico y a la capitulación de las democracias occidentales, pero los argumentos que identifican su crueldad y su autoritarismo no implican conclusiones desorbitadas. Ni siquiera cuando está en juego el porvenir de las democracias abiertas. Bastante tenemos con que Putin sea Putin.

De ahí que el principio o la ley de Godwin debamos aceptarlos como una medida cautelar, un espacio preventivo. Podría haberlo tenido en cuenta Pedro Almodóvar cuando escribió un artículo en *elDiario.es* reclamando el voto para la izquierda en los comicios del 23 de julio de 2023: «Estamos votando la calidad de nuestra democracia, y debemos ser conscientes de que corremos el riesgo de que el resultado no sea digno de llamarse así, democracia. En 1933 Hitler llegó al poder utilizando las instituciones democráticas que después él mismo se encargaría de destruir. ¿Estoy exagerando? ¿Por mi boca habla el miedo y el desconcierto que siento en estos momentos? Ojalá sea eso y no que nuestra democracia está siendo seriamente amenazada»[1].

Se desautorizaba a sí mismo el cineasta manchego, como se desautorizan quienes confunden a Sánchez con un dictador bolivariano o quienes piensan que Giorgia Meloni es la reencarnación de Mussolini. Por esa misma razón la ley de Godwin escarmienta el recurso de Hitler,

---

[1] *elDiario.es*, 3 de julio de 2023.

pero también las analogías hiperbólicas y disparatadas. Convocarlas o evocarlas de manera frívola o imprudente conducen la buena conversación al hábitat de la toxicidad.

«Nos sirve como una herramienta para reconocer comparaciones engañosas con el nazismo, pero también para reconocer comparaciones que no lo son», escribía Godwin en un artículo publicado en *Los Angeles Times*[2]. Matizaba así que la ley no pretende exonerar a Hitler del escrutinio, sino exponerlo precisamente a un «proceso» serio que no banalice las consecuencias ni las aberraciones del nazismo.

Decimos, por ejemplo, que Hitler era vegetariano cuando ridiculizamos el movimiento animalista. Y convertimos, como Almodóvar, cualquier proceso electoral legítimo y garantista en la antesala de un genocidio. Quien quiera que diga «también Hitler llegó al poder por las urnas...» debería renunciar al uso de la palabra, precisamente por la precariedad de la argumentación.

El colega Guillermo Altares lo definía con acierto en las páginas de *El País*: «En el caso español, hemos batido todos los récords, porque se han llegado a lanzar las comparaciones antes de que ni siquiera empezasen las discusiones, por ejemplo con el término feminazis. No es que lo usen solo unos tipos lo suficientemente carentes de entendimiento para considerar que es una buena idea pintar un autobús con el rostro de Hitler y pasearlo por varias ciudades. Lo peor, en cualquier caso, es que ha pasado a convertirse casi en una expresión admitida, como si los que la utilizan ni siquiera fuesen conscientes de la barbaridad que representa»[3].

---

[2] 24 de junio de 2018.

[3] 14 de marzo de 2019.

El problema de mencionar a Hitler en vano, por tanto, no solo consiste en que desorbita una conversación, sino en que trivializa el infierno del Holocausto. Convierte la Shoah en un asunto menor. Y redunda en la banalización del genocidio hitleriano. La amnesia es un peligro que se advierte en la ignorancia de las nuevas generaciones. Y la frivolización de la memoria es un peligro todavía mayor.

¿Cómo debe plantearse una buena conversación entonces? Tan impresentable como incurrir en la ley de Godwin es entregarse a las amalgamas argumentales. O sea, mezclar las categorías, los conceptos, las materias en discusión con propósitos de sabotaje o por ignorancia. Si estamos hablando, por ejemplo, de cuestiones tan específicas y concretas como un partido de fútbol entre el Real y el Barça no tiene sentido restregarse otros clichés extemporáneos. Uno habla de la capacidad desbordante de Vinicius, el otro reacciona diciendo que el Madrid era el equipo de Franco.

La amalgama es la especialidad del tertuliano radiofónico y televisivo. No solo como recurso de una conversación que no domina, sino como atajo para derivar la charla a un terreno de especialidad propia.

Pongamos por caso que el director de un programa sorprende a los colegas con el hallazgo de un planeta fuera del sistema solar. El tertuliano «amalgamador» dirá entonces que no está la nación para hablar del universo. Y que más nos convendría dedicarnos a las cosas del comer. Quizá porque está su propio pan en juego. O su ignorancia.

Pongamos que hablamos de la eutanasia. Y que esgrimimos argumentos a favor o en contra. Es un debate sensible y complejo, de forma que las amalgamas pueden funcionar como mecanismos evasivos. Se transita de lo concreto a lo general en una clara maniobra de escapismo.

«No sé dónde vamos a parar. Los gais pueden casarse, las personas pueden cambiar de género y de nombre, las chicas pueden abortar sin permiso de los padres… Y encima la eutanasia».

¿Cómo debe plantearse una conversación entonces? Cualquier expectativa de prosperidad requiere responsabilizarse del conocimiento propio —y de la ignorancia— así como tratar al interlocutor con respeto. Y no tendría sentido aludir a semejante obviedad si no fuera porque la tentación descalificadora está al acecho de cualquier charla relevante.

La pérdida de argumentos acostumbra a provocar el insulto o la alusión al defecto personal. Se llama la falacia *ad hominem*. Un procedimiento insidioso que desautoriza la posición del conversador no por lo que dice sino por lo que es. Se le restriega su religión, su situación económica, su militancia deportiva, su crisis personal, en lugar de rebatírsele con argumentos verosímiles o elaborados. Un ejemplo:

> —Creo en un Estado social. Me parece bien pagar impuestos. Y que el Estado proteja a las personas más vulnerables.
>
> —Y tú qué sabes de la pobreza, si eres rico.

El filósofo uruguayo Miguel Pastorino tiene bien observada la tendencia cultural al subjetivismo extremo. Encerrarse en uno mismo anulando todo lo que confronta los deseos y preferencias propios, crea una creciente incapacidad para el encuentro y la valoración de la diferencia. De la inseguridad y el miedo a la diferencia nacen los fundamentalismos de todos los extremos, y se legitiman así formas de intolerancia y violencia con quienes piensan distinto: «La capacidad para el diálogo requiere otras habilidades previas, como el respeto y el reconocimiento de los otros, la valoración de la diversidad de ideas, la disposición a aprender y a corregirse a uno mismo, la búsqueda sincera de la verdad y la honestidad intelectual. El verdadero diálogo rompe el círculo de los propios prejuicios y deja entrar la voz de los otros. Solo a través de un diálogo crítico y honesto, que busca la verdad y el encuentro con los otros, podemos crecer como personas y alcanzar madurez política y democrática. Solo en la valoración y comprensión de lo distinto, en la apertura al dinamismo de las ideas, es que podemos pensar libremente y escuchar realmente a los otros»[4].

Ya hablaremos más adelante de la crispación de la sociedad, de la polarización, de la censura y de la autocensura, del deterioro de la conversación bajo la tiranía de la corrección, pero aquí y ahora se trata de exponer las condiciones que mejor la predisponen, el hábitat más propicio.

Empezando por el número de personas que mejor la favorecen. Una buena pista la encontramos en el entrañable libro que el escritor y periodista británico Thomas de Quincey (1785-1859) escribió sobre los últimos días de Immanuel Kant. Se le conoce mejor por el título incendiario de un perturbador ensayo, *Del asesinato considerado como una de las bellas artes*, pero tuvo acceso a la agonía del gigantesco filósofo germano.

Y compartió sus consejos y su sabiduría. Incluido el ámbito en que Kant consideraba más propicio para la posibilidad de una buena conversación: no menos de tres personas y no más de nueve invitados.

---

[4] dialogopolitico.org, 13 de abril de 2022.

La cifra tenía una justificación erudita. Tres son las gracias, nueve son las musas. Pero también una justificación práctica y conceptual. Pueden «charlar» dos personas en una isla como les ocurre a Crusoe y Viernes en la novela de Daniel Defoe, superando las limitaciones de la comprensión. Y pueden hacerlo diez o más en el vestuario de un equipo de fútbol, pero Kant nos advierte de las situaciones más propicias a la convivencia. Ni pocas personas ni demasiadas. Ni una partida de ajedrez ni una asamblea.

Los términos y números de la «alineación» no significan que todos los convocados a una charla tengan que hablar el mismo tiempo. La propia naturaleza o naturalidad de la conversación exterioriza el protagonismo de los protagonistas. Negativo cuando aparece el charlatán. Positivo, cuando comparece un tertuliano locuaz que ejerce el magnetismo.

Le sucedía a Oscar Wilde cada vez que amenizaba los salones y mansiones que frecuentaba. Sin restricciones ni encorsetamientos. Destaca la audacia del escritor irlandés una recopilación de sus crónicas orales a las que puso orden un compendio de la editorial Atalanta con el introito de Roberto Frías.

> La conversación es un arte efímero y privado; quizá el más selecto de todos, ya que son muy pocos los elegidos que tienen la fortuna de escuchar y participar en cualquiera de sus mejores representaciones. Casi todos los que tuvieron el privilegio de conocer a Oscar Wilde coinciden en que era un conversador incomparable. Un aspecto esencial de su lúcida y amena conversación se preserva en los incontables e ingeniosos epigramas que brillan a lo largo de toda su obra; su secreto consiste en que, siendo al mismo tiempo

> ciertos y falsos, siempre amplían nuestra visión de la vida. Pero Wilde también fue un gran narrador oral. Algunas de sus historias se basaban en anécdotas humorísticas sobre políticos y celebridades de su época, otras en fábulas poéticas o adaptaciones bíblicas, pero el efecto que tenían sobre su audiencia era siempre extraordinario, pues acaso esta privada faceta de su talento era la mejor manera que tuvo de expresarse[5].

Oscar Wilde era un orador superdotado. No ya por sus conocimientos, su erudición, su amenidad, sino por las aptitudes actorales que identificaban sus puestas en escena. Y no es que se las trajera estudiadas de casa. Las tenía somatizadas y era capaz de improvisarlas, tantas veces basculando entre el humor y la melancolía. Bien lo sabían los invitados británicos que lo frecuentaban en París. La isla de Oscar Wilde les proporcionaba regocijo y cualidades terapéuticas. El poeta Ernest Dowson llegaba a decir que el maestro dublinés le curaba del pesimismo, mientras que el amigo Frank Harris atribuía al verbo de Wilde la sanación de sus fiebres.

Decía el propio «doctor» que la tragedia de su existencia consistía en haber puesto el genio en su vida y solo el talento en sus obras. Un aforismo más de su repertorio, es verdad, pero también una demostración de la dimensión oral de Wilde, como si sus méritos más relevantes hubieran sido evanescentes y subordinados, en el éter, al arte de conversar.

Thomas de Quincey mismo escribió sobre el arte de la conversación. Y sobre la experiencia extrema que le supuso compartir una velada con el poeta británico Samuel Co-

---

[5] Oscar Wilde, *El arte de la conversación*, Atalanta, 2019.

leridge. Perdió la noticia del tiempo y del espacio. Coleridge hablaba igual que fluye un río. Y demostraba que la verdadera conversación opera mucho mejor cuando no reviste un propósito ni un contenido específicos. La buena conversación «transcurre», sucede. Transita del remanso al meandro, del recodo a los rápidos, aunque necesita afianzarse en los principios cualitativos que ya definía Cicerón:

> Habla con claridad; habla fácilmente pero no demasiado, especialmente cuando otros quieren su turno; no interrumpas; sé cortés; trata en serio los asuntos serios y con gracia los más ligeros; nunca critiques a las personas a sus espaldas; apégate a temas de interés general; no hables de ti mismo; y, sobre todo, nunca pierdas los estribos.

No hay peor antídoto de un buen conversador que un charlatán. Y no hay mejor procedimiento constructivo en una charla que saber escuchar. Porque escuchar también es un arte, como jalean los aficionados al flamenco cuando advierten a un espectador torpe en una sesión de altura.

Tiene sentido mencionar el manual del buen conversador que uno de los editores del *Financial Times*, John McDermott, recomendaba a sus lectores para delimitar la prudencia y los excesos:

1. Sé curioso hacia lo que dicen los demás.
2. Quítate la máscara.
3. Empatiza con los demás.
4. No rompas arbitrariamente el tema de conversación.
5. Ten valor.

La primera recomendación responde a los presupuestos elementales de una charla con garantías. Se trata de prestar atención. De escuchar. Y de eludir la tentación de las interrupciones, como hacen los tertulianos. Quitarse la máscara implica hablar desde la sinceridad. Y hacerlo sin las coacciones que amenazan a las sociedades abiertas, precisamente por la vigencia intimidatoria de la censura y de la autocensura. La libertad de expresión debe ejercerse con sentido de la responsabilidad. La sensatez funciona como eje dialéctico, pero prevenirse de los excesos y de las *boutades* no implica colocarse la máscara que menciona el profesor McDermott.

Peor que hablar desde el extremismo es amordazarse. O incurrir en la vacuidad de los discursos inocuos. Y no es sencillo sobreponerse a ellos, entre otras razones porque la tentación de agradar se añade al enjundioso repertorio de tópicos, lugares comunes, frases hechas y refranes. Hablar sin decir nada —dedicamos un capítulo al asunto— perjudica una conversación mucho más de cuanto supone quedarse callado. El silencio es una virtud cuando se administra con criterio. Igual que lo es empatizar cuando los términos de sensibilidad y de civismo contribuyen al interés de una charla. Ponerse en la piel y el discurso del otro. Entender sus razones antes de rebatirlas. Y tener en cuenta las recomendaciones de la dialéctica socrática, cuando se refería a los principios de la ironía y de la mayéutica[6].

Resulta de especial interés el compromiso de no romper arbitrariamente el tema de conversación. Y no es que una charla interesante deba funcionar con un guion implícito, pero la tentación de malograrla o desbocarla con un

---

[6] Abordamos exhaustivamente el asunto en el capítulo V.

giro innecesario predispone el sabotaje de una inercia constructiva.

Si estamos hablando de la crisis de Israel y Palestina, no puede prorrumpirse con un debate sobre la logística de abastecimiento de los coches eléctricos. Y si hablamos de la receta del salmorejo, tampoco puede solemnizarse la charla aludiéndose, por ejemplo, a la vida después de la muerte. El latigazo argumental suele encubrir la pérdida de razones o de contribuciones. Y no pasa nada por dejar pasar el turno ni por abstenerse de participar. Ya tendremos ocasión de recuperar la voz cuando la conversación fluya por sus propias inercias, contrastes y aguas vivas.

Ten valor, recomienda McDermott. Puede y debe arriesgarse en una charla. La coacción y la autocoacción deterioran la credibilidad de una conversación relevante, más todavía cuando estamos entre amigos. O cuando la timidez o el miedo al ridículo condicionan el discurso colectivo.

El hábitat de una charla se perfila y se define a medida que avanza. Hay factores que pueden excitarla, como la desinhibición de unas copas de vino, como el comadreo y el compadreo, y como el contenido…

¿De qué puede hablarse y no hablarse? Carecería de sentido hacer inventario de tabúes y de restricciones. Y ya sabemos que el fútbol y la política predisponen escenarios delicados y polarizados, pero renunciar al uno y a la otra describe una suerte de capitulación preventiva.

Limitar los asuntos de la conversación supone la primera amenaza. Y es verdad que el buen gusto y la educación aconsejan eludir la costumbre de explayarse con dolencias, afecciones y aflicciones —ay—, pero el compromiso cívico garantiza la viabilidad de cualquier contenido.

De hecho, la conversación fluida no funciona necesariamente mejor cuando se plantea en asuntos trascendentales. Tanto sopor puede engendrar un grupo de sabios hablando de Schopenhauer como los hinchas de un equipo de fútbol despotricando contra el adversario. La conversación es una manera de tejer relaciones cuya relevancia no siempre se aloja en las profundidades, sino en la amenidad.

«Sería triste si tuviéramos que vestir la buena charla con un disfraz intelectual. Triste e inútil. En ninguna parte de las reglas de Cicerón se dice que una buena conversación requiera un dominio de la literatura. Me equivoqué —escribe McDermott— al pensar en la conversación principalmente como un arte escénico, dominado por gente como Coleridge y Hitchens. De hecho, la conversación no tiene por qué ser nada. No tiene por qué tener un propósito. El mismo acto de hablar, escuchar y aprender es lo que mis compañeros de clase buscaban. Es lo que Ian McEwan dijo que Hitchens quería en sus últimos días. Y ese deseo es tan puro y correcto como cualquier poema de Coleridge»[7].

En efecto, la conversación no requiere la emulación de Oscar Wilde ni forma parte de las elites. Su profundo valor social, emocional y hasta terapéutico trasciende las castas y las edades, pero unas y otras están constreñidas a velar por la defensa de unos presupuestos elementales.

Y puede que uno de los más relevantes al margen de la educación, del respeto, consista precisamente en la renuncia al teléfono móvil. Trataremos el asunto con la profun-

---

[7] «How to Have a Conversation», *Financial Times*, 10 de marzo de 2010.

didad y gravedad que merece, pero urge situarlo en cabeza de los aspectos más disruptivos de una charla honesta.

El móvil sobre la mesa es una amenaza. Porque está a punto de sonar. Porque estamos a punto de mirarlo. Y porque uno de los mayores efectos contraproducentes de la era tecnológica radica precisamente en la incapacidad para prestar atención de manera continuada.

Se nos hacen largos los discursos de los demás. Y recurrimos al móvil para interrumpirlos. No siempre con malas ideas, pero en tantas ocasiones como excusa para cotejar «en internet» algo que hayamos escuchado. O para aportar una prueba audiovisual que perjudica seriamente la capacidad de abstracción. Si el vídeo mató la estrella de la radio, como sugería la canción de *The Buggles* (1978), los teléfonos móviles representan una amenaza letal contra el arte de la conversación y contra la conversación sin arte.

Reflexionaba al respecto un interesante artículo que la escritora Bárbara Mingo Costales escribía en *Letras Libres*[8], trasladando la idea distópica según la cual los móviles terminarán hablando entre ellos al margen de los humanos: «Me provoca mucha desazón que todo el mundo, en el metro, en el autobús, vaya volcado en su pantalla. Es posible que vayamos leyendo cosas interesantísimas, pero la pulsión de recurrir al teléfono cada vez que afrontamos una espera parece revelar una desazón informe (...). Me parece inquietante que las conversaciones se enmarquen en el display impuesto por una corporación. Me parece estresante que un mismo aparato sirva para hacer fotos, pagar cuentas, consultar mapas, llamar por teléfono, hacerlo todo. He dejado de escribir, y de recibir, aquellos

[8] *¡Estoy aquí! ¡Yo también!*, 24 de mayo de 2024.

largos y frecuentes *mails* con mis amigos. El impulso de mandar una postal se evacúa hacia el WhatsApp. Desaparece la elección de las postales entre una colección de postales horrorosas, la búsqueda del estanco o de la oficina de correos, el lapso de tiempo entre el envío y la recepción. El recuerdo repentino de una persona se resuelve de manera inmediata, le mandamos un mensaje y el recuerdo se disipa, no tiene tiempo para desarrollarse a su aire en nuestro interior. A veces cuando viajo tengo la sensación de que ya no podemos estar en los lugares, precisamente por la posibilidad de que cualquiera, sin saber si estamos en nuestra casa o en Vladivostok, pueda ponerse en contacto con nosotros, como si no nos hubiésemos movido. Me parece que el mundo está perdiendo densidad. Pero el mundo en el que existe esta tecnología es en el que vivo. Y los bueyes de arado no son caballos».

Adquirido el compromiso de neutralizar los móviles, la buena conversación requiere un lugar adecuado, un tiempo determinado (o indeterminado) y un propósito, entendiéndose como tal no necesariamente el objetivo de unas conclusiones, sino el mero hecho de compartir la charla.

Se trata de irla tejiendo entre unos y otros interlocutores. Y de establecer el hábitat más propicio o característico. Sabemos que una cena navideña responde a unas condiciones inequívocas de puesta en escena y énfasis familiar, por mucho que las malogren los cuñados. Sabemos que ver juntos un partido de fútbol suscita una tensión y una emoción incontrolables. Y sabemos que la sala de espera de un aeropuerto apremia el tiempo y la concentración. Quedar a desayunar no es lo mismo que aceptar las reglas implícitas de una larga sobremesa. Y presentarse en un velatorio implica asumir la mesura del lenguaje y el volumen de la voz.

El contexto funerario es acaso el más propicio para aceptar el recurso de los tópicos y de los lugares comunes. Conviene renunciar a ellos cuando pretendemos conversar con ciertas expectativas de profundidad, pero tiene sentido emplearlos en las circunstancias de conmoción y de duelo, más o menos como si fueran las oraciones y las letanías que esperan los familiares y amigos afectados.

Acompañamos en el sentimiento, decimos que no somos nadie, elogiamos la figura del finado con desmesura y utilizamos toda suerte de frases hechas para rellenar el vacío o el dolor o la incomodidad, por mucho que los tópicos sean una degradación del lenguaje. Y es entonces cuando apelamos al manual de las palabras huecas que sirven al mismo tiempo para ocupar el espacio y el tiempo.

«Ahora podrá descansar».

«Dios se lo ha llevado a su lado».

«Quién iba a pensar que siendo tan joven…».

«El tiempo lo cura todo».

«Tienes que ser fuerte».

«Hay que pasar página».

«Ahora tienes que pensar en tu hijo».

«Desde este momento tienes que ser tú el cabeza de familia».

«Es ley de vida».

«La vida es así».

Y, claro, «no tenemos palabras», entre otras razones por la pereza que supone buscarlas. O porque, de tanto manosear los lugares comunes, hablamos sin decir nada. Ninguna conversación puede considerarse tal desde el momento en que convocamos los topicazos y clichés. Sirven para hablar del tiempo en un ascensor y para resolver las angustias de un velatorio, pero urge escapar de ellos si pretendemos participar de una charla con cierto porvenir.

Hablar para hablar. Esa es la meta. No hablar por hablar, que es lo contrario.

Y tenemos los españoles peculiaridades muy características cuando entablamos conversaciones vacuas o enjundiosas. Nos tiene muy calados el sociólogo Ignacio Varela cuando observa que los españoles tenemos una relación muy conflictiva con el silencio.

> «Si los españoles habláramos solo de lo que sabemos, se produciría un gran silencio que nos permitiría pensar», decía Azaña.
>
> Permanecer callados durante una conversación, o simplemente escuchando, nos incomoda muchísimo. Así que nos sentimos obligados a opinar sobre lo que sea, aunque estemos delante de un catedrático en la materia. Supongo que no es sencillo ser madre primeriza y pasarte el día recibiendo consejos sobre cómo criar a tu hijo.
>
> O que todo el mundo comente abiertamente en la mesa los síntomas de sus problemas digestivos, que le impiden comer chorizo. En realidad, aquí es usual narrar con detalle tus males y enfermedades; y, como todos somos médicos, nunca falta quien te recete algún remedio infalible «que a mi sobrina la dejó como nueva»[9].

Las reglas sociales han fijado el consenso de las formas y hasta del fondo, pero tampoco es necesario exagerar las expectativas. «No existe la conversación», escribió la novelista y crítica literaria Rebecca West en su colección de cuentos *The Harsh Voice* («La voz cruel»). «Es una ilusión. Hay monólogos que se cruzan, eso es todo».

---

[9] Intervención de Ignacio Varela en «Por fin no es lunes» (Onda Cero), el 16 de junio de 2024.

En su opinión, nuestras propias palabras sobrevuelan las palabras de los demás sin que se produzca una comunicación profunda. Hablamos más que escuchamos. Nos escuchamos más que oímos a los otros. Y hasta puede llegar a irritarnos que la dinámica de una charla limite nuestro punto de vista. O nos ahogue la brillantez de un tertuliano más cualificado.

¿Qué métodos tenemos a disposición para desbloquear el cruce de monólogos? El procedimiento más sencillo de interlocución consiste en hacer preguntas, conceder a la charla la inercia de un verdadero intercambio de pareceres, empezando por el recurso de las interpelaciones.

Mostrar interés hacia el otro neutraliza la tentación de la egolatría o del egocentrismo. Una buena conversación requiere la noción y la apreciación del otro discurso. Los sociólogos tienen muy bien estudiado que abusamos más del ego en los entornos cercanos y domésticos que cuando nos significamos en contextos más extraños. Damos por hecho que la gente más allegada —los amigos, la familia, los compañeros de trabajo— tiene una noción muy profunda de nuestra manera de ser y de pensar. Por esos motivos, corremos el riesgo de conversar sin precisar las cosas. De considerarlas asumidas. Y de eludir las aclaraciones.

«Qué os voy a decir si ya me conocéis» es una expresión muy recurrente, una bravuconada cuya esencia sobreestima el grado de conocimiento de las otras personas. Y que redunda en el problema del egocentrismo con que puede terminar dañándose una charla de ciertas expectativas.

También se malogran cuando introducimos un tema de conversación novedoso para los demás. Y no ya novedoso, sino inasequible para que pueda desarrollarse una trama participativa. Que un interlocutor sea un experto en micología no significa que sus recientes hallazgos e informaciones puedan interesarles a los demás.

Conviene, por tanto, observar asuntos que atraigan la participación activa o pasiva de nuestros colegas y camaradas. Y no porque sea obligatorio incurrir en lugares comunes ni ponerse a hablar del tiempo. Que las conversaciones no resulten necesariamente profundas no quiere decir que las conversaciones profundas deban eludirse, pero sí conviene que las unas y las otras se conciban desde la honestidad. Lo explicaba muy bien un reportaje exhaustivo de la BBC:

«Hace unos años, Emma Levine, profesora asociada de Ciencias del Comportamiento en la Universidad de Chicago, y Taya Cohen, profesora asociada de Comportamiento Organizacional en la Universidad Carnegie Mellon, decidieron convertir este experimento mental en realidad.

Reclutaron a 150 participantes y los dividieron en tres grupos. Se pidió al primer grupo que fuera "absolutamente honesto" en cada conversación, en casa y en el trabajo, durante los siguientes tres días; al segundo grupo se le dijo que fuera amable, cariñoso y considerado durante el mismo período, mientras que al último tercio se le animó a comportarse normalmente.

Los participantes honestos obtuvieron puntuaciones tan altas en las medidas de placer y conexión social durante los tres días como aquellos a quienes se les dijo que fueran amables y, a menudo, encontraron mucho sentido en los intercambios.

"Parecía que sería horrible —dice Cohen— pero los participantes declararon estar felices de haber tenido conversaciones honestas, aunque fueran difíciles". Experimentos de seguimiento demostraron además que la comunicación honesta resultó ser mucho más constructiva de lo que la gente predijo y los beneficios de la revelación franca sobre su bienestar general continuaron durante al menos una semana después. No hace falta decir que la honestidad se sirve mejor con una buena dosis de diplomacia. Cohen dice que debes pensar detenidamente sobre el momento de tus comentarios, la forma en que están elaborados y si la persona tendrá la oportunidad de hacer uso de la información»[10].

La experiencia de conversar implica tomar riesgos y aceptar frustraciones. Podemos «perder» una charla, sentirnos derrotados, pero el cuestionamiento de nuestros argumentos es preferible a recrearse en tópicos y posiciones sin ningún riesgo ni valor. Disponemos del recurso de la asertividad —la firmeza y la elocuencia se perciben como un ejemplo de *auctoritas*— para consolidar un punto de vista. Y no reviste gravedad alguna exponerlo a las objeciones y a los reproches. Porque es la dialéctica la clave de una charla interesante.

Decirle al prójimo «Tienes razón» supone un ejercicio de aprendizaje y formaliza los términos de una inercia constructiva. Decirle al prójimo «Me has convencido» redunda tanto en la credibilidad del discurso ajeno como en la flexibilidad y apertura mental propias. Al cabo, la gran cualidad de la conversación se encuentra en la alteridad, en la representación y la noción del otro.

Podemos utilizarla —la conversación— para nuestro prestigio y nuestro halago. Para alejarnos. Y para sumarnos a la paradoja de la era de la comunicación en el éxtasis de la tecnología: todos conectados… y desconectados al

---

[10] David Robson, BBC News, 16 de noviembre de 2021.

mismo tiempo. Es una imagen degradada a la que pone todos sus límites el criterio del profesor de Oxford Theodore Zeldin: la conversación es el punto de unión de todos los puntos de vista a partir de una chispa original y originaria. La conversación es un arte que exige respetar al otro, abandonarse al otro. Porque hay que aceptar que el otro nos desestabiliza, nos contradice. Porque hay que cruzar de orilla para identificar lo que realmente somos. La conversación consiste en atreverse a relacionarse con el prójimo. Y no puede considerarse tal si la afrontamos con máscara, frases hechas, precauciones excesivas, falta de honestidad y ventajismo.

Zeldin, nacido en la Palestina británica en 1933, se ha especializado en las relaciones humanas, en la historia íntima de la Humanidad, en las relaciones domésticas y privadas. Y en las cualidades mayúsculas que se identifican en la conversación. Una de sus obras más reputadas se titula precisamente *Conversación*[11]. Y no puede discutirse su validez, por mucho que la escribiera cuando todavía no habían prorrumpido los efectos más nocivos de la tecnología y de la telefonía móvil.

1. De acuerdo con Zeldin, no se trata tanto de hablar como de conversar, cuya declinación sí cambia a la gente. La verdadera conversación implica mucho más que enviar y recibir información.
2. La conversación interesante es aquella que comenzamos predispuestos a ser después algo distinto. Es un experimento cuyos resultados nunca están garantizados. Representa un riesgo. Es una aventura

---

[11] Plataforma Editorial, 2014.

en la que acordamos aderezar juntos el mundo para que sepa menos amargo.

3. La conversación es un encuentro de mentes con diferentes recuerdos y costumbres. Las mentes no se limitan entonces a intercambiar datos: nos transforman, nos vuelven a moldear… La conversación no baraja las cartas simplemente: crea nuevas cartas.
4. El trabajo cada vez consiste más en hablar. En las fábricas solía haber letreros en los que ponía: «Habla menos. Trabaja más». Ahora, sin embargo… cuanto más se asciende la jerarquía, más tiempo se pasa hablando.
5. El descubrimiento del ADN fue el resultado de las conversaciones que Crick y Watson mantuvieron durante varios años. Solo tenían una regla: dirían lo que se les ocurriera. Se hacían preguntas ingenuas, insistiendo en que tenían que simplificar las cosas para comprenderlas. Así es como sus conversaciones fructificaron en nuevas ideas.

Theodore Zeldin sostiene que las conversaciones serias, honestas y particulares pueden cambiar todo aquello que pensábamos inmutable. Incluso cuando se trata de cuestionar los prejuicios culturales, sociales y económicos de mayor corpulencia. Funcionaba el deshielo de la palabra entre comunidades enfrentadas —turcos y armenios—, como lo hacía en las conversaciones de ricos y marginados que él mismo fomentó en París, pretendiendo resquebrajar el muro de la incomprensión y de las posiciones irreconciliables. Palestinos e israelíes. Hinchas del Madrid y del Barça. Ateos y religiosos. La conversación relativiza los dogmas y las certezas.

«Me he centrado en desarrollar conversaciones entre personas que no quieren verse con los de una religión distinta o una situación económica diferente. Es posible entenderles, aunque no puedas convertirlos; entenderles para disminuir su miedo. El gran problema de esta época es que llevamos siglos poniendo toda nuestra energía en la expansión del conocimiento. Y cuanto más conocimiento hay, más ignorancia se observa, porque no se puede saber todo. Por tanto, nos hemos especializado más, y como estamos más especializados entendemos menos cosas. Vivimos en un pequeño agujero, en una pequeña burbuja de conocimiento»[12].

Es la perspectiva desde la que Zeldin recomienda un nuevo tipo de conversación, entendida como un proceso de autotransformación, una experiencia que pueda estimularnos a decir lo que nunca antes hemos dicho. Y puede iniciarse a partir de trivialidades, pero adquiere vuelo cuando repercute en las inquietudes que nos importan a nosotros y a los demás. Al combinar la experiencia de otra persona con la nuestra, debemos estar dispuestos a emerger como una persona ligeramente diferente. En tal conversación, nos volvemos iguales y no hay mejor manera de establecer la igualdad que reconocer al otro.

Así, todos se vuelven capaces de cambiar el mundo por un minuto, porque una conversación exitosa redunda en la noción de respeto. No es solo un detalle de la vida privada, sino la base necesaria para todo cambio en la esfera pública. ¿Cómo empezamos?, se pregunta Zeldin.

Los amantes descubren qué es el amor discutiendo interminablemente sobre sus misterios. Para conversar me-

---

[12] Entrevista concedida a *El País* el 7 de septiembre de 2020.

jor, debemos hacer lo mismo con la conversación. Los experimentos muestran que dar a las personas el tipo adecuado de preguntas provocativas o imágenes para discutir pueden hacer que hablen de maneras que amplíen su potencial. Incluso las personas tímidas y con la lengua trabada pueden sorprenderse al conversar apasionadamente sobre una conversación con completos desconocidos.

Necesitamos clubes de conversación igual que necesitamos clubes deportivos: no para convertirnos en campeones, sino para que podamos descubrir mejor lo interesantes que pueden ser otras personas y cómo pueden estimularnos a ser más creativos.

El consejo no hace otra cosa que evocar los espacios de reunión que proliferaron en el ejemplo de Sócrates, los foros que se cultivaron en la Italia renacentista, el espesor dialéctico que caracterizó a las *salonnières* francesas en los tiempos de la Ilustración, o las tertulias donde prosperaron las corrientes literarias del 98 y del 27, aunque podría decirse lo mismo de las sociedades gastronómicas donostiarras contemporáneas, de los clubes de lectura y de las tertulias informales —o formales— donde la conversación predispone la promiscuidad de las ideas y de las preguntas.

Por ese motivo resulta prioritario identificar el hábitat. Y explorarlo partiendo de una lógica progresiva en los asuntos de conversación.

— El primer nivel es el del terreno seguro: deportes, el tiempo, cultura popular, celebridades y cualquier experiencia inmediata compartida.
— El segundo puede considerarse el potencialmente más controvertido: religión, política, citas y vida amorosa.

— El nivel tercero alude a los asuntos más íntimos, de forma que deben tratarse con sensibilidad: familia, dinero, salud y vida laboral.

Y no es cuestión de plantear demasiadas rigideces estructurales, pero el desempeño de una buena conversación podría responder a dos mandamientos propiciatorios:

El primero: muéstrate más interesado para resultar o parecer más interesante. O sea, aprende a escuchar. Participa del discurso ajeno con preguntas oportunas. Y no sobrevalores el interés de lo que dices.

El segundo (se deriva del interior): no monopolices la charla, la tertulia, siempre y cuando no seas Oscar Wilde. Funciona bien concluir un turno poniéndose en manos de los demás. «¿Qué opináis?», por ejemplo.

En el mismo esfuerzo de contención, valora aplazar unos minutos una idea que se te ha ocurrido, para que madure con más enjundia cuando llegue el momento de divulgarla. Y no olvides el contacto visual con los interlocutores, ni menosprecies el grado de atención que se te presta.

Decía Churchill que una buena conversación debe agotar el asunto del que se habla y no a los tertulianos que participan de ella o en ella. «El hombre se revela en la conversación no solo por lo que dice, sino por lo que calla», sostenía Stefan Zweig.

Y tenía razón el novelista austriaco, aunque sus reflexiones también tienen sentido corresponderlas con un momento y con un lugar. Digamos que hablar con el barman de una coctelería ha sido la alternativa laica a la confesión —contarle los pecados a un desconocido— y que hay espacios más propicios que otros parar asegurar la fertilidad de una charla.

La sobremesa se antoja el hábitat más atractivo en sus coordenadas de relajación, aunque debe observarse cierta contención con el alcohol para prevenirnos de los excesos verbales. De hecho, la tradición de los cafés como lugares tan propicios a la charla serena proviene de los límites estimulantes de la cafeína.

Y es verdad que las bebidas de alta gradación, incluida la absenta, corrompían los compromisos de sobriedad, pero está bastante sobrevalorado el ingenio de los borrachos. Ni siquiera en la visión cínica de Woody Allen: bebo para que me parezcan interesantes los demás.

Ha venido a convenirse que solo los borrachos y los niños dicen la verdad —un tópico derivado del latín (*in vino veritas*)—, pero proliferan a partes iguales los infantes embusteros y los adultos alcoholizados.

Tiene sentido escoger un lugar adecuado para una conversación oportuna. Esmerarse en el espacio y en sus condiciones idóneas contribuye al mejor resultado. Por esa misma razón la conversación corre peligro en espacios restringidos.

Ninguno más habitual o convencional que el coche. Las circunstancias de una travesía pueden resultar tan propicias como contraproducentes, entre otras razones porque ni el conductor ni el pasajero o pasajeros pueden escapar del coche.

Quién no ha tenido la expectativa de disponer en el vehículo del botón de eyección para lanzar a nuestro compañero de viaje a la estratosfera. Y quién no se ha lamentado de subirse a un coche cuyo titular tiraniza el trayecto imponiendo la música o la conversación o las dos cosas o ninguna.

Hay conversaciones de enjundia que pueden mantenerse en presencia de una persona que expira, en el compartimento de un tren y no tanto en lugares muy concurridos o muy ruidosos. «Bares, qué lugares, tan gratos para conversar...», cantaba Jaime Urrutia, pero no se refería a las discotecas que subordinan la charla al consumo de alcohol —menos se habla, más se bebe y se gasta—, a la danza tribal, al descontrol de los decibelios y al hedonismo del galanteo.

Hablemos, pues, en los parques y en los jardines. Hagámoslo paseando o excursionando. Intentémoslo en el salón de nuestra casa, en una cafetería silenciosa, pero no del todo aséptica ni insonorizada, en una travesía por el mar o por un río, en la cocina, mientras se escucha la sopa hervir, en el sofá del terapeuta, en la consulta del médico. Pero hablemos. Porque tenemos que hablar.

Y no es cuestión de limitar los horarios, ni dogmatizar con el reloj, pero las conversaciones fluyen mejor cuando llevamos unas horas en pie; cuando estamos menos cansados; cuando nuestros sentidos se encuentran más receptivos; y cuando el sueño no nos perturba o altera.

Proliferan los ejemplos en la historia de la literatura y del cine, pero recurramos al anti-ejemplo tomando como referencia la escena de Groucho Marx y Margaret Dumont en *Sopa de ganso*:

> —No es que me importe pero ¿dónde está su marido?
> —¡Oh, ha muerto!
> —Seguro que usa eso como excusa.
> —Estuve con él hasta el final.
> —No me extraña que falleciera.
> —Lo sostuve entre mis brazos y lo besé.
> —¡Entonces fue un asesinato!

II
La tecnología y la palabra: aislados en la sociedad de la hipercomunicación

Quienes tenemos hijos adolescentes o conocidos que han nacido en la plenitud digital, alcanzamos a preguntarnos probablemente sobre el grado de consciencia que puedan haber adquirido de los privilegios que los rodean. No ya por disfrutar de una democracia mucho más honrosa de cuanto pretenden sabotearla sus detractores. O por el milagro de la Europa sin fronteras en el erial de los viejos fratricidios. Incluso por el periodo de paz al que amenazan los sepulcrales nacionalismos. Además por la naturalidad o normalidad con que se relacionan con la revolución de internet. Tan presente en sus vidas y tan influyente en ellas que no la perciben como siquiera una revolución, sino casi como un derecho natural o como un hábitat del que nunca serán extirpados. Se diría exagerando las cosas —o quizá no— que no existe peor escenario para ellos que un espacio sin wifi o una zona sin cobertura. Porque les acongojaría perderlos. Y porque el *smartphone* ha adquirido la dependencia de un marcapasos.

Es una ventaja de noción y hasta de equidistancia que acaso tenemos los usuarios —he aquí un sustantivo conceptualmente cacofónico— que sí hemos experimentado la revolución. Y que, extrapolando un poco las transiciones generacionales, plantea la estupefacción con que nuestros abuelos o bisabuelos hacían pesar la normalidad con que nosotros bebíamos agua corriente, nos duchábamos a temperatura corporal, dejábamos la comida en el plato y nos permitíamos incluso marcharnos de casa con la luz encendida. ¿Podríamos vivir sin tales comodidades?

Las de nuestros hijos, las de nuestros nietos, las sobrepasan en hondura y en peso sociológico porque delimitan un modelo de sociedad en sus grandes virtudes, contraindicaciones, amenazas y hasta patologías. Incluso en sus paradojas, pues ocurre que la hipercomunicación ha suscitado el aislamiento. Y porque la ufana idea de la libertad se resiente de la evidencia de una red que nos tiene vigilados con una especie de número de serie o de carné de identidad: la dirección IP de nuestro ordenador. Puede resultarnos atractiva la idea de acceder a la gran ventana del mundo, pero lo hacemos con nuestra propia ventana despojada de visillos. Nos retratamos en cada paso, en cada movimiento. Y no porque nos expongamos a una conspiración orwelliana —el hackeo y el espionaje cibernético es evidente, pero se destina a categorías mayores—, sino porque hemos decidido convertir internet y las redes sociales en un escaparate de exhibicionismo.

Tiene poco sentido, entonces, conducir demasiado lejos el desencuentro de la libertad y de la seguridad. La psicosis terrorista y la sensación del peligro ubicuo han convertido nuestras ciudades en un laberinto de cámaras, cuando no en la expresión de la sociedad panóptica de la que escribía Foucault —ser observados sin percatarnos de serlo—, pero el escrúpulo del debate palidece frente a las concesiones de la intimidad que proponemos cotidiana y continuamente en las redes sociales. Recelamos de que nos vigilen al tiempo que abrimos de par en par nuestra vida privada. No hacemos otra cosa que delatarnos y que confesar.

Partiendo de una humanísima impostura: exagerar nuestra felicidad, utilizar Instagram para exponer la dicha eterna, sobresforzarnos para ser tolerados, incluso obsesionarnos en la pesca y repesca de *likes*, aprobaciones y partidarios, hasta el extremo de recurrir a empresas intermediarias que nos permiten comprar seguidores. Ocurre en X (la versión actualizada de Twitter) y sucede en Instagram. Hay usuarios que desembolsan unos cuantos euros o miles de ellos para adecentar la cuenta y amañar la credibilidad. Es una paradoja no menos elocuente de la que representa el mito de la libertad o de la pluralidad de la «red». Y no es cuestión de aferrarse a teorías paranoicas sobre el ojo que todo lo ve y todo lo sabe, sino reflejar que la gran idea de la aldea global en su pluralidad, mestizaje y cosmopolitismo pertenece a la tutela y custodia de pocas y grandes estructuras monopolísticas. Una de ellas es Google, que filtra las búsquedas o las ordena desde criterios más subjetivos de cuanto parece o sospecha el cándido internauta. Otra es el «supramercado» de Amazon. Y la más importante de todas, muy por encima de Twitter, es la constelación de Zuckerberg. No ya fundador de Facebook, sino dominador supremo de las redes que canalizan el ajetreo de Instagram y de WhatsApp. No hay un dios sobre la Tierra ni lo hubo nunca dotado de tanta influencia, de tanto poder ni de tantos recursos vertebrales en su multimillonario enjambre de usuarios.

¿Podrían nuestros hijos vivir fuera de la colmena? La pregunta conduce a una respuesta negativa. Y puede decirse lo mismo de la generación híbrida. Aludo a la «nuestra» y reflexiono sobre el efecto embriagador o maravillador que debió de suponer a los lectores del *quattrocento* encontrarse con los ejemplares encuadernados que «paría» en serie la imprenta de Gutenberg.

Fue aquella una revolución decisiva para la humanidad en cuanto instrumento divulgador de la cultura, pero más paulatina de cuanto ha representado internet. Porque internet ha sacudido la sociedad en sus conductas de comunicación. Y ha cambiado sus paradigmas, aunque también ha estado expuesto a los mismos recelos oscurantistas con que las castas iniciadas observaron la generalización de la cultura de la imprenta. Podía ser peligrosa en demasiadas manos, más allá de subvertir los privilegios escolásticos que se habían atribuido las clases ilustradas, ejerciendo tantas veces abuso de posición doctrinal y de imposición propagandística.

Es el contexto en que ha reaparecido una suerte de aprensión o de psicosis al «infierno» que alojan los motores de búsqueda, a las aberraciones que amenazan a nuestros niños y hasta a la existencia de una red en el inframundo —*deep web* se llama— que escapa de los controles, que se envuelve como las capas de una cebolla, que funciona con exasperante lentitud y que recrea, en realidad, la tradicional predisposición del ser humano a buscar la clandestinidad, consiguiendo incluso deshacerse de la dirección IP e instalándose en el solaz o la miseria del anonimato.

Internet no es un espacio de pureza ni de filantropía. Es verdad que la tecnología en sí misma adquiere una reputación positiva en la sociedad contemporánea y goza de una credibilidad sujeta a la devoción o sumisión cibernética, pero la «red de redes» representa —positiva y negativamente— la prodigiosa expresión de la capacidad asociativa del *Sapiens sapiens*.

Nuestro mayor hecho diferencial con los bonobos y con otros primates evolucionados consiste, a decir de los antropólogos, en la sofisticación y en el tamaño de las comunidades que hemos creado. Ya existen ciudades, como Tokio, de 38 millones de personas, de tal manera que internet es la quintaesencia y el milagro de la interconexión, una suerte de sinapsis planetaria que más que acercarnos nos ha puesto en relación. Skype nos ha resuelto los inconvenientes de la distancia y hasta la nostalgia. Gratis, por añadidura. Y convirtiendo en escena prosaica las comunicaciones del futuro lejano que se nos prometían en las películas de ciencia ficción.

Estamos «conectados». Por esa razón, nuestros hijos, nuestros nietos y nosotros mismos podríamos experimentar el trauma de la desconexión como una suerte de muerte civil o de eutanasia social. Desapareceríamos. Habríamos sido colocados fuera de cobertura. Estaríamos extinguidos quienes osáramos a la vida del eremita o del hombre anterior al *homo videns*.

Giovanni Sartori desarrolló la expresión. Y la acuñó mucho antes de haberse multiplicado la revolución de internet, pero el escarmiento no ha perdido interés ni actualidad: el hombre contemporáneo se expone a perder la capacidad de abstracción. Está dominado por el hábitat audiovisual. Y es el sujeto pasivo y paciente de un lenguaje visual que le sustrae el mérito, la habilidad o la capacidad de construir en su cabeza el salto de lo abstracto a lo concreto.

Leemos ahora más que nunca y escribimos más que nunca también, pero no hablamos aquí de novela ni de ensayo, ni aludimos a los ejercicios sofisticados de redacción. Leemos y escribimos más que nunca porque es el requisito o la tiranía de los mensajes. Muchas veces sacrificando la pureza del lenguaje y el escrúpulo de la forma. La excusa sería la velocidad que exige la urgencia de esta psicótica hipercomunicación, pero la obsesión de arañar tiempo resultaría más verosímil si no fuera porque estamos envueltos en una espiral que maltrata el tiempo mismo y que malogra el tiempo de ocio, de concentración, de reflexión, porque el teléfono móvil nos ha secuestrado y se ha convertido en nuestro principal aliado y en nuestro primer enemigo. Hay una imagen doméstica que representa mejor que ninguna otra la patología: amigos que miran el móvil sentados en una mesa. Y que se aíslan entre sí mientras permanecen supuestamente juntos.

Semejantes extremos de comportamiento o de sociopatía no degradan la revolución de internet. Es verdad que estamos en la edad de los *haters*, de los *trolls*, de los acosadores anónimos. Es cierto que la comunicación cada vez se desarrolla con más rapidez y menos densidad. Y que la era de la información ha sucumbido a la era de la hipercomunicación. Los *mass media* han perdido su capacidad prescriptora y su influencia. Y la viralidad se ha convertido en el tótem de nuestro tiempo. Unas veces con fines solidarios. Pero otras con finalidades nauseabundas.

Y no es «culpa» de internet que el yihadismo haya encontrado en su naturaleza capilar un salvoconducto universal, porque el uso pernicioso de esta prodigiosa herramienta no la desacredita en sí misma. Acaso retrata el lado oscuro de la humanidad. Y la inmadurez o la temeridad de esta para coexistir con el fuego que le hemos robado a los dioses.

Porque internet es un prodigio en su capacidad cultural, comunicadora. Y es un instrumento descomunal respecto a la pedagogía y la instrucción planetarias. Un antídoto al analfabetismo. Un camino de posibilidades extraordinarias en la divulgación. La investigación ha prosperado más que nunca gracias a la capacidad de relacionarnos y de compartir la sabiduría. Y nuestra vida cotidiana ha conocido tales prodigios —la discoteca universal de Spotify, la biblioteca de Alejandría en el Kindle, el cine de Hitchcock en una nube, la agencia de viajes en casa— que tengo que esforzarme muchísimo delante de mi hijo para explicarle que su relación orgánica con internet equivale —o va más lejos— a la que antaño proporcionaban una hoguera, una rueda, una imprenta, una bombilla, una inyección de penicilina, cuando no el descubrimiento del Big Bang.

Podríamos convenir que el problema no es la tecnología sino el uso equivocado que hacemos de ella o la naturalidad con que los humanos nos ensimismamos en rutinas de aislamiento comunicativo.

Un alto directivo que no viene al caso identificar me contaba que había emprendido medidas drásticas para evitar que las reuniones familiares —en la mesa o en la sobremesa— se malograran con el uso maleducado e imprudente de los teléfonos móviles.

El requisito para sentarse en la mesa consistía en depositar el aparato en una cesta y renunciar a él mientras se compartía la comida y la charla. No resultó sencillo aplicar la disciplina, pero el cumplimiento de las reglas reanimó la tertulia familiar y convirtió la hora del almuerzo —o de la cena— en una tregua a la dependencia del móvil.

Nos hemos convertido en yonquis del teléfono. Y lo hemos desprovisto de su función original. Porque rara vez lo empleamos para hablar, sino como recurso obsesivo de los tiempos muertos. La dependencia —la trataremos más adelante— no difiere de las adicciones al uso, con la diferencia de que la generalización del fenómeno fomenta la idea de una costumbre respetada o respetable.

Mi impresión es que sentarse a comer con el móvil sobre la mesa equivale a poner un revólver. Exageramos las cosas, pero la hipérbole plantea al mismo tiempo el grado de intimidación y de instigación con que el uso del puto teléfono adultera una conversación, distrae a los comensales y termina malogrando la charla.

Ni siquiera haca falta tener encendido el móvil para sugestionar una conversación. La mera presencia del aparato establece un código de comportamiento condicionante. Puede sonar en cualquier momento, podemos recibir un mensaje en cualquier situación, de tal manera que el móvil opera como una amenaza y prorrumpe con toda su capacidad perturbadora.

Son interesantes los estudios académicos que relacionan la adicción o la costumbre del móvil con dos razones complementarias. Por un lado, son un remedio al aburrimiento. Por el otro, funcionan como un parapeto o un burladero frente a la vida en sociedad.

La investigadora estadounidense Sherry Turkle sostiene que «buscamos formas de evitar la conversación. Nos escondemos los unos de los otros a pesar de estar constantemente conectados los unos con los otros. En nuestras pantallas, tenemos la tentación de presentarnos como nos gustaría ser. Por supuesto, cierto grado de actuación forma parte de todo encuentro en cualquier lugar, pero en internet y con todo el tiempo del mundo, es fácil componer, editar y mejorar a medida que revisamos.

Decimos que recurrimos a nuestros teléfonos cuando estamos aburridos. Y nos aburrimos a menudo, porque nos hemos acostumbrado a un flujo constante de conexión, información y entretenimiento. Estamos permanentemente en otra parte. En clase, en la iglesia o en una reunión de trabajo, prestamos atención a lo que nos interesa y, cuando deja de interesarnos, recurrimos a nuestros dispositivos en busca de algo que sí lo haga»[1].

Hay un anglicismo inquietante, el *phubbing*, que alude precisamente al grado de virtuosismo que somos capaces de desarrollar escribiendo un mensaje o reenviando un texto al mismo tiempo que mantenemos contacto visual con el interlocutor con quien estamos conversando.

Se diría que estamos totalmente enganchados. Que la tecnología está logrando silenciarnos. Y que el tiempo que acaso le concedemos al prójimo implica un desperdicio respecto a todo aquello que nos estamos perdiendo en las redes sociales o en internet. Y que es preferible desdoblarse en dos realidades antes que concederse a una conversación de máxima ligereza o de mínima enjundia.

«Todo ello representa una huida de la conversación, al menos de las conversaciones espontáneas y sin un objetivo establecido, aquellas en las que jugamos con las ideas, en las que nos permitimos estar plenamente presentes y ser vulnerables. Sin embargo, estas son precisamente las conversaciones en las que florecen la empatía y la intimidad y en las que la acción social gana fuerza. Estas son precisamente las conversaciones en las que se impulsa esa colaboración creativa que es imprescindible tanto en la educación como en los negocios»[2].

La paradoja de estar conectados y desconectados a la vez se explica en la superficialidad con que pueden describirse las «conversaciones» de los chats, de los posts o de los correos electrónicos. No solo porque están desprovistas de contexto, sino porque las restringimos a las palabras —o a

---

[1] Sherry Turkle, *En defensa de la conversación*, Ático de los libros (2019).

[2] Sherry Turkle, *op. cit.*

los emojis— y porque pensamos que los mensajes escritos están más controlados. De hecho, las principales aplicaciones disponibles ofrecen a los usuarios la oportunidad de borrar o rectificar contenidos ya enviados. O remitirlos de tal forma que se eliminan de nuestros ojos nada más abrirse.

Escribimos y recibimos compulsivamente mensajes de WhatsApp. Y aceptamos un modelo de conexión hacia los demás obsesivo, pero somos incapaces de mantener una conversación sosegada mano a mano o cara a cara.

Se diría que nos asusta la espontaneidad. Y que nos cuesta asumir ciertas vulnerabilidades. Nada hay más cobarde que romper una relación conyugal o un vínculo profesional a través de un mensaje gélido o incendiario, como si fuéramos incapaces de exponernos al dolor de las conversaciones que revisten gravedad y hondura.

La tecnología de la comunicación incorpora los peligros del aislamiento y de la angustia. El desamparo que conlleva sentirnos fuera de cobertura redunda en la congoja de estar perdiéndonos cosas muy importantes.

Hay un acrónimo anglosajón que identifica la «patología»: FOMO, o sea, *Fear of Missing Out*. El «miedo a perdernos algo» funciona como un mecanismo de intranquilidad y como un pretexto recurrente de acuerdo con el cual nos alimentamos o atiborramos de contenidos basura, hasta el extremo de anestesiarnos con vídeos de 20 segundos y de deslizar el índice sobre la pantalla a semejanza de un robot.

«¿Preocupada por el trabajo? ¿Deprimido por una ruptura? —se pregunta el ensayista Dan Lyons en un pasaje de *Cállate*[3]—. ¿Te sientes aburrido, ansioso, inquieto,

---

[3] Capitán Swing, 2023.

nervioso? Olvídate mirando TikTok. Irónicamente, mucha gente acude a TikTok para que le ayude con su salud mental, incluso cuando el mismo TikTok se la destroza. Al igual que derrochar en zapatos o coches, atiborrarse de información no soluciona nuestros problemas, sino que los empeora.

La rueda de la ansiedad sigue rodando. Todos queremos ser felices. Sin embargo, nos comportamos de formas que nos hacen infelices. Hablamos de internet y de la sobrecarga de información como si estuviéramos indefensos ante ellos, como si fueran algo que nos ocurre y no una elección propia. Pero el consumo es una elección y podemos dejar de elegirlo. Internet nunca será un lugar tranquilo, como tampoco lo serán los estadios de fútbol ni el centro de Manhattan. El ruido nunca desaparecerá. Pero nosotros sí podemos desconectar. Por el bien de nuestra salud física y de nuestro bienestar psicológico, debemos intentarlo».

Es verdad que se debe recurrir al móvil en situaciones de emergencia, pero la costumbre general y la mala educación generalizada subordinan las situaciones extremas a la rutina de recurrir al terminal sin otro sentido que calmar la ansiedad y el miedo a la desconexión, como si los *smartphones* fueran respiradores de oxígeno.

Por esas razones nos abastecemos de una batería alternativa. O llevamos el cargador a mano para recargar el teléfono en cualquier restaurante o cafetería, de tal manera que la escasez de energía en la batería equivale a precariedad de la energía propia.

Nos preocupamos cuando el icono amarillea. Nos desesperamos cuando se enciende el color rojo. Y vagamos como fantasmas en caso de agotarse del todo.

Debería tranquilizarnos que la vida continúe cuando nuestro móvil se extingue. Nos lo demuestran las travesías aéreas, las zonas sin cobertura, las caídas del sistema, los espacios de ocio donde los móviles están proscritos, aunque la dependencia de los aparatos llega al extremo de utilizarlos en el cine, de leer mensajes en una función teatral y de mantenerlos encendidos en un concierto.

Son muchos los artistas que se han visto obligados a detener una actuación cuando suena un móvil a destiempo o cuando un espectador rompe la disciplina del silencio y del respeto poniéndose a contestar mensajitos.

Los móviles han mediatizado las conversaciones tanto como las han neutralizado. No hay manera de prolongarlas en cuanto salta una alerta o recibimos un mensaje, aunque resulta aún más pernicioso ponerse a intercambiar vídeos virales, fotografías insólitas, memes grotescos.

Se diría que a una conversación tradicional —observar la palabra, saber escuchar, hablar con criterio— le falta la clave visual. Necesitamos rellenar la dramaturgia con imágenes y animación. Por eso mencionábamos antes la merma de la capacidad de abstracción. Y por idénticas razones los móviles sabotean las charlas de cierta enjundia.

Un buen ejemplo son las cuadrillas de los toreros. Me contaba un veterano apoderado que los viajes de antaño —no hace tanto— transcurrían a bordo de la furgoneta intercambiando impresiones, compartiendo el miedo, charlando de toros a semejanza de una terapia de grupo.

Ya no ocurre así. Cada banderillero, cada picador, delimita las distancias y las oportunidades de la tertulia del viaje recurriendo a la pantalla. Solos en compañía de hombres solos, igual que sucede en los autobuses de los futbolistas, cada uno de ellos provistos de mecanismos de aislamiento —el móvil, los auriculares, la *tablet*— como si la tecnología nos exigiera un pacto de fidelidad inviolable.

Y no es cuestión de demonizarla —la tecnología—, entre otras razones porque la evolución científica nos ha proporcionado herramientas extraordinarias para hablar entre nosotros en distancias y situaciones que nos resultan milagrosas.

Podemos parlamentar sin costo alguno con interlocutores situados a miles de kilómetros. Podemos verlos y vernos a través de las plataformas audiovisuales —Skype, como pionera— que han democratizado el privilegio de las conexiones locales e intercontinentales.

Podemos conversar como nunca lo hemos hecho con un hijo que estudia en Dallas o con un colega que trabaja en Bangkok. Lo mismo sucede con las reuniones *on line* y con las conferencias audiovisuales, aunque la cualificación —y resultado— de unas y otras en nada se parecen al contacto humano y a la experiencia de sentirse cerca.

Somos más humanos cuando más cerca estamos, cuando más capacidad de empatía desarrollamos, cuando más posibilidades tenemos de tejer una red social «verdadera».

Vienen a cuento las comillas porque las relaciones a través de la tecnología no solo se resienten de la superficialidad y del estado de apariencia o de simulación, sino porque la robotización de muchos procesos, la irrupción de la inteligencia artificial y la proliferación de impostores y de estafadores demuestran que no se halla o no existe precisamente quien imaginamos al otro lado de la línea. Ni siquiera cuando construimos un *alter ego*.

Las relaciones y comunicaciones a través de la tecnología han servido para romper el aislamiento de las personas más solas o discapacitadas, han fomentado las plataformas de encuentros sexuales, amorosos y sentimentales, han favorecido los vínculos cosmopolitas, sin limitación de espacios geográficos ni barreras lingüísticas, pero tan infantil y oscurantista sería renegar del progreso científico como eludir las contraindicaciones del «sistema».

Empezando por la manera en que se han deteriorado o afectado los vínculos personales mismos. El aislamiento tecnológico, incluido el teletrabajo, repercute en el distanciamiento con los demás. Vemos menos a nuestros amigos, coincidimos menos con los familiares. Nos hemos convertido en una unidad móvil cuyas principales obsesiones se definen en las garantías de una batería duradera y una buena cobertura de wifi.

Las redes sociales y las aplicaciones semejantes se han demostrado una fuente inquietante de *bullying* y de ciberacoso. Funcionan como mecanismos perversos de instigación y de intimidación, tanto en el caso de los escolares como en ámbito de los adultos más vulnerables, entre otras razones por la impunidad en que opera la tecnología aplicada y la red sin fronteras.

Y no es necesario recrearse los perfiles anónimos y demoniacos. Los humanos hemos aprovechado los recursos de unas y otras aplicaciones para construirnos un personaje que se conecta con otros personajes igualmente impostados, redundando en una comunidad virtual cuyas vergüenzas resultan insobornables cuando llega el momento de conocerse personalmente.

Un buen ejemplo se documenta en las citas de Tinder y sus derivadas. Y en la frustración de los encuentros y de las conversaciones que se desarbolan por el grado de imaginación desmesurado con que buscamos parecer atractivos, tanto en el aspecto como en el don de la palabra.

«Ya sea que lo veamos desde una perspectiva positiva o negativa, o incluso una combinación de ambas, la verdad es que la tecnología ha tenido un impacto enorme en la forma en que nos comunicamos entre nosotros —explica el psicólogo británico Jake Burgess—. Si bien nos permite establecer conexiones instantáneas con personas del otro lado del mundo, también nos pone en riesgo de sufrir soledad, así como nuevas formas de acoso y manipulación.

Pero a medida que se revelan nuevas tecnologías al mundo, es previsible que se implementen nuevas regulaciones de ciberseguridad y otras medidas de seguridad tecnológica. No es probable que esto proteja a todos de los efectos negativos de la tecnología, pero también depende de nosotros usar internet con precaución. Del mismo modo, es nuestra responsabilidad garantizar que tengamos suficiente contacto humano real en nuestra vida diaria, además de la interacción social digital[4]».

Viene el matiz a cuento para exponer el fenómeno de los operadores telefónicos a quienes se enganchan los clientes solitarios. Hemos convenido que nos abruman las llamadas de unas y otras compañías para ofrecernos un seguro, una red telefónica, un crédito o un coche, pero resulta que las personas menos habituadas a hablar con sus congéneres transforman la oferta comercial en una oportunidad para hablar con alguien, sea cual sea el argumento.

«Hasta 4 de cada 10 personas han llamado a un servicio de atención al cliente para hablar con alguien. Rocío lo sabe bien, trabaja como teleoperadora y está acostumbrada a recibir todo tipo de llamadas en su trabajo. Confiesa que en su puesto de trabajo todos los días tienes alguna razón por la que reírte y otra por la que llorar. "Hay mucha gente que llama para charlar aunque no lo dicen así de antemano —señala—. Te llaman con cualquier excusa

---

[4] Sogolytics.com, web especializada en cuestiones de psicología (15 de marzo de 2024).

y de momento no estás receptivo pero muchas veces notas que falta algo, empiezas a empatizar y al final te cuentan que se han divorciado o que tienen otro tipo de problemas", comenta.

En su día a día como teleoperadora le ha tocado vivir múltiples situaciones. Cuenta que hay montones de dramas personales y muchas veces la persona afectada te lo cuenta porque tú eres la persona que está al otro lado. Para mucha gente esa llamada supone lo más cercano a tener contacto con otra persona»[5].

El drama explica que hasta Cruz Roja haya diseñado un dispositivo de ayuda a las personas solas que consiste fundamentalmente en proveerlas de conversación. No puede negarse que las personas mayores representen buena parte del programa de asistencia «Te acompaña», pero la vulnerabilidad también se identifica en personas jóvenes, en inmigrantes, en mujeres sin recursos y en adultos que se han terminado aislando.

«La soledad no deseada es un sentimiento doloroso, sostenido en el tiempo, que está provocado por una falta de relación con otras personas y una desvinculación con el entorno, hablamos de una soledad que duele. Las personas sienten que no pueden compartir sus vivencias con nadie o no tienen a quien acudir cuando lo necesitan», explicaba Toni Bruel con los galones de coordinador general de Cruz Roja en España.

Hay servicios parecidos en las comunidades autónomas y en los ayuntamientos. Y sobrevino un repunte de soledad en el cráter de la pandemia, aunque las consecuencias del coronavirus en su alcance sociológico se per-

---

[5] Reportaje emitido por Antena 3 el 29 de febrero de 2024.

ciben todavía con enorme nitidez cuando aludimos al aislamiento.

No hablamos igual —no conversamos de la misma manera— cuando estamos delante de una persona o cuando nos mediatiza una pantalla. Lo ha demostrado la Universidad de Montreal a partir de un estudio que monitorizaba la reacción neuronal cuando había contacto físico o cuando no lo había.

La sincronización de los cerebros identifica el primer caso, mientras que la mediación tecnológica procuraba al «encuentro» una implicación inferior, como si la conversación no pudiera considerarse plena, precisamente por la restricción del lenguaje no verbal y por la «distancia» psicológica de los interlocutores.

Podríamos concluir que una interactuación a través de la pantalla repercute negativamente en la calidad y la autenticidad de la conversación. Y que nuestro cerebro no está acostumbrado a una versión tan disminuida de la experiencia y del intercambio.

¿Por qué? «Nuestros cerebros son el resultado de decenas de miles de años de evolución —explicaba el profesor Guillaume Dumas—. En comparación con la evolución de la tecnología, la evolución biológica de nuestro cerebro es relativamente lenta y, por lo tanto, todavía tenemos relativamente el mismo cerebro que nuestros antepasados *Homo sapiens* hace diez o veinte mil años. Por esa razón, nuestro cerebro está configurado para gestionar las interacciones y comunicaciones con los demás en tiempo real, cara a cara»[6].

Una conversación de diez minutos en persona tiene más valor que una charla de una hora a través de zoom y

---

[6] *La Presse* (Canadá), 17 de enero de 2023.

de las plataformas similares. La distancia tecnológica relativiza la enjundia del diálogo, predispone los malentendidos, involucra mucho menos a las personas implicadas. Se distraen con más facilidad. Y se desdibuja la imagen de los propios interlocutores, de tal manera que su dimensión virtual o bidimensional conspira contra el propósito mismo de una conversación, tanto en el plano personal como en los vínculos puramente profesionales.

Por no hablar de los hábitos de aislamiento y de mediatización tecnológica en que puede incurrir peligrosamente los jóvenes, no por los contenidos como tales, sino por la inmadurez de su cerebro y por la sobrexposición a la toxicidad y al ciberacoso.

Es el hábitat en el que algunas administraciones y estados tratan de controlar o regular los mecanismos de captación y de adicción en que operan las redes sociales. TikTok o Instagram se revisten de buena imagen y de reputación de entretenimiento, pero enmascaran —o pueden hacerlo— relaciones de dependencia y experiencias abusivas.

Estados Unidos forma parte de los países civilizados más propensos a la prohibición de TikTok. Y no solo por llevar más lejos la guerra comercial y conceptual contra China —allí se creó la red—, sino por las evidencias científicas que alertan sobre los peligros de la adicción.

Basta tener 13 años para suscribirse a la plataforma. Y para exponerse a los mecanismos de captación y devoción con que la compañía asiática mediatiza las relaciones de los adolescentes sometiéndolos a la disciplina de mirar y mirar vídeos de 20 segundos.

El algoritmo de captación filtra el criterio y el gusto del usuario. Más tiempo permaneces en un microespacio, más informas a la plataforma de tus inclinaciones e inquietudes, de tal manera que TikTok configura una sensibilidad desde la que luego resulta más sencillo abrumarte con vídeos a medida y publicidad diseñada.

Se llama «aprendizaje automático». «Lo que lo hace tan adictivo es que aprende qué te gusta y qué no te gusta. Y lo hace rápidamente porque en 1 minuto puedes ver 5 o 6 vídeos. En ese tiempo, tienes que descartar el vídeo o verlo. Y esa acción revela si te gusta o no. Así que ByteDance puede conseguir mucha información en muy poco tiempo», explicaba el especialista de comunicación Matthew Brennan en declaraciones a la BBC[7].

Tiene sentido que las instituciones comunitarias, empezando por la Comisión, se hayan propuesto estudiar a fondo los «efectos negativos reales o previsibles derivados del diseño del sistema de TikTok, incluidos los sistemas algorítmicos, que pueden estimular adicciones conductuales y/o crear los denominados "efectos madriguera de conejo"».

La metáfora alude al aislamiento y al ensimismamiento, con particular énfasis en el impacto de los menores de edad. Por el peligro de su bienestar físico y mental. Por la obligación de preservar los derechos del niño. Por el peligro de los procesos de radicalización y de fanatismo.

Usan TikTok en Europa 135 millones de ciudadanos. La brecha generacional conlleva más adhesión juvenil de cuanto sucede en los mayores de 25 años, aunque el problema de salud pública no distingue de unas edades y de las otras, como casi todas las redes sociales.

¿Por qué? Operan, como en el tabaco y las drogas, los mecanismos de recompensa y de placer, sin olvidar que

---

[7] 1 de diciembre de 2020.

nuestros propios aparatos desarrollan toda clase de sistemas de atención para recordarnos que están vivos y que no se merecen apagarlos. Las alertas y las vibraciones se multiplican para llamar la atención. Tenemos la droga en el bolsillo. No podemos separarnos de ella. Insisto en el verbo: no podemos.

Menciona la periodista Marta García Aller en *El fin del mundo*[8] el cartel que presidía una cafetería de Sant Cugat del Vallès a propósito de la toxicidad tecnológica: «No tenemos wifi, hablen entre ustedes». Reparó en ella el profesor Santiago Tejedor (Universidad de Barcelona) y le pareció un buen pretexto para reflexionar sobre los peligros del lenguaje digital en los tiempos de la hipercomunicación.

Tejedor forma parte de los expertos menos apocalípticos. Es consciente de que están cambiando muy rápidamente los hábitos comunicativos. Que escribimos más que hablamos. Y que la evidente transformación no implica una connotación negativa ni positiva. Las cosas son diferentes.

Tan diferentes que hablamos —conversamos— en diferido a través de las notas de audio. El intercambio se produce sin verdadera noticia del contexto o del estado de ánimo. Podemos escuchar un mensaje tres o siete horas después de haber sido recibido, sin olvidar que muchos usuarios de WhatsApp —formo parte de ellos— se niegan a participar de esta modalidad comunicativa, por muy imperante y dichosa que se haya convertido.

«Ha observado la profesora María Elena Gómez (Universidad Europea) —indica García Aller— que los mensa-

---

[8] Editorial Planeta, 2017.

jes hablados o escritos acercan a los que están lejos y alejan a los que están cerca. Se describe así la paradoja de una herramienta universal que reúne más virtudes que defectos, pero que dista de merecerse una reputación intachable. Empezando porque ha notado que sus alumnos tienen graves problemas de atención y de concentración, como si fueran yonquis de los teléfonos móviles y de los aparatos: "El lenguaje juvenil siempre ha sido novedoso, creativo y experimental. Que los padres digan que no entienden a sus hijos, no tiene nada que ver con los *smartphones*, esto pasaba también hace 40 años. El problema con las nuevas generaciones no es el lenguaje, sino la pérdida de capacidad para desarrollar argumentos profundos"».

Explica García Aller que la falta de atención no solo ha mermado las conversaciones. También se ha notado en la incapacidad de abstraerse durante horas en una lectura. A la par que ha aumentado la capacidad de hacer varias cosas a la vez, decrece la de hacer la misma mucho tiempo.

Se han generalizado la versatilidad y la dispersión. Se ha observado una reducción de la capacidad para entender e interpretar los sentimientos o reflexiones del prójimo. Se nos puede hacer demasiado larga la llantina de un amigo, la frustración de un colega. Y echamos de menos que haya anuncios publicitarios entre una perorata y la siguiente.

Porque no son pocos los estudios que documentan la disminución de la empatía: las redes sociales y los nuevos medios constituyen solo uno de los factores que citan los expertos, pero los consideran sin duda responsables de que esté mutando la idea misma de amistad hacia algo entendido no como una lealtad incondicional, sino cada vez más como algo que se puede conectar y desconectar a conveniencia.

«Los más jóvenes prefieren pensar sus respuestas y medirlas cuidadosamente cuando responden en sus grupos virtuales, ya sea por escrito, con mensajes de audio o *selfies* con filtros. Esto está dando lugar a un nuevo tipo de comunicación, editada y concisa. Amistades en diferido. Cada vez tienen menos conversaciones cara a cara en las que desarrollar la empatía. Es en ellas donde se aprende a escuchar, a entender y ser entendido en tiempo real, es la manera más primaria de comunicarse. Y necesita, por definición, de la escucha. Y tanto en las redes sociales como en los grupos de mensajería, sin embargo, no es necesario atender para participar»[9].

La tecnología presenta una cara luminosa y un lado oscuro. Hemos convenido, por ejemplo, que la Inteligencia Artificial (IA) puede conquistar nuevos escenarios de prosperidad y desarrollo, pero tiene sentido preservarse de los peligros que se derivan del proceso de deshumanización.

Los estudios de relaciones con las «máquinas» elaborados hace una década matizaban que los clientes de los hoteles preferían todavía los servicios humanos en cuestiones tan prosaicas como el *check-in* y otros servicios similares. Agradecían el esfuerzo y eficacia de los «robots», pero nada más agradable que un conserje carnal y amable.

Ya no sucede así. «En 2023, el 62 % de los consumidores preferiría utilizar un robot de atención al cliente que esperar a que un humano responda a sus solicitudes. Demuestra cómo el avance de la tecnología y su capacidad para proporcionar buenos resultados poco a poco perfeccionan el respeto y la confianza de los clientes»[10].

---

[9] García Aller, *op. cit.*

[10] Revista *Forbes*, 19 de julio de 2023.

Del precario simulacro humano que se alojaba en la máquina de tabaco —«su cajetilla, gracias»—, hemos pasado al *chatbot*, entendiéndose como tal un *software* informático que utiliza la automatización y/o la inteligencia artificial para mantener una conversación con los usuarios en tiempo real y automatizar las respuestas a sus preguntas.

La eficacia del *chatbot* se basa en el aprendizaje automático, igual que TikTok. Tras usarse de forma reiterada, el *software* registra las preferencias de los usuarios y optimiza progresivamente sus respuestas. El *chatbot* aprenderá palabras clave y sinónimos, empezará a entender el contexto de la conversación y podrá identificar la intención del usuario para ofrecer las respuestas más adecuadas.

Podría pensarse que este mecanismo de intercambio progresivo se limita a las técnicas comerciales, al ahorro del tiempo, a la recopilación de datos, pero la sofisticación del modelo rebasa las fronteras de la imaginación. Tomando como referencia el titular que podía leerse en *El País* el 2 de abril de 2024: «Sexo con robots: cómo la inteligencia artificial será capaz de "leer" nuestra excitación»:

«El informe *The Future of Sex Report*, puesto en marcha por Ian Pearson, asegura que, en 2030, la mayoría de personas practicarán algún tipo de sexo virtual y, cinco años después, la mayoría tendrá juguetes sexuales que emplearán de la mano del sexo virtual. Quizás el dato más sorprendente es que Pearson asegura que en 2050 el sexo entre personas y robots podría superar al de los humanos. "El sexo virtual con inteligencia artificial o robots competirá con el sexo humano, aunque quien busque un *sexbot* que parezca humano, tendrá que pagar un precio alto —explica—. Puedes emplear tu inteligencia artificial favorita con cualquier robot, algo que puede resultar muy placentero para aquellas personas que quieran vivir sus fantasías sin las ataduras, emociones y compromisos que tienen las relaciones reales", indica al hablar de la robotsexualidad»[11].

Sorprendió a los espectadores la naturalidad con que Joaquin Phoenix establecía una relación personal con Samantha en la trama inquietante de *Her* (2013). La película de Spike Jonze indagaba en las expectativas de la inteligencia artificial para facilitarnos la compañía de un «sujeto» que se incorporaba a nuestras rutinas y conversaciones, hasta el extremo de adquirir la dimensión de un amigo, de una pareja, que no nos juzga ni nos contraría.

Podemos crearnos una novia o un novio, en efecto. Y practicar relaciones sexuales placenteras. «La IA tiene un gran potencial de personalización. Nos permite interpretar datos y elaborar respuestas individuales basadas en información sensorial, como la temperatura corporal y el pulso, para adaptarlas a las necesidades del usuario. Por ejemplo, los futuros juguetes sexuales podrían reconocer si estás teniendo un orgasmo y, a partir de tu comportamiento, saber si deben aumentar o disminuir la intensidad», explica Fabian Schmolck, AI Solution Manager en Lovehoney Group y Womanizer[12].

Tenemos instrumentos para construir una red de amistades ficticias. Y existe el peligro de hablar más tiempo con los «humanoides» que ya forman parte de los hábitos cotidianos. Conversamos con el «androide» que se aloja en nuestro navegador. Y más lo hacemos con Alexa y con sujetos parecidos cuando se trata de hablar en voz alta para abastecernos de servicios y de privilegios.

---

[11] Artículo publicado por la periodista Marta Alonso.

[12] *Idem.*

«—Buenos días, Alexa, ¿qué tiempo hace hoy?».

Así podemos amanecer en un hogar provisto de la domótica elemental. Hablamos con Alexa y con sus «congéneres» —Siri se ha convertido en una mascota indispensable— con una naturalidad equivalente al preocupante tono imperativo que les imponemos. «Alexa, enciende el aire acondicionado». «Alexa, ponme un aria de *Las bodas de Fígaro*». «Alexa, enchufa la lámpara del salón».

Proliferan los sociólogos que alertan de los riesgos de trasladar a la vida social la forma de relacionarnos con Alexa. Especialmente —otra vez—, en el contexto de los menores de edad. Dan una orden y obtienen una respuesta, como si fueran o fuéramos pequeños dictadores. Y como si la mansedumbre y sumisión de las máquinas humanizadas, de los *chatbots*, de las criaturas cibernéticas, terminara resultándonos lo suficientemente atractivas para dejar de hablarnos con los humanos, eludir el contraste con los otros, ensimismarnos en una comunidad de un ciudadano, y renunciar al mayor prodigio de nuestra civilización: el diálogo, la dialéctica.

Los reivindica Jonathan Haidt (Nueva York, 1963) en un fascinante ensayo, *La generación ansiosa*[13], cuyas ambiciones revolucionarias aspiran a destronar la hegemonía de los móviles desde la toma de conciencia de la sociedad. Sostiene Haidt que los teléfonos inteligentes han provocado una «gran reconfiguración» de la infancia que está destruyendo la socialización y maduración de la especie humana, provocando una epidemia de salud mental y fragilidad emocional que por ahora afecta a las primeras generaciones que han crecido con un móvil en la mano.

---

[13] Deusto, 2024.

Es la perspectiva desde la que pretende levantar a las familias contra las empresas tecnológicas y las autoridades para exigir regulaciones mucho más estrictas y para lograr que la reflexión arraigue en los hogares, en los centros educativos, en los lugares de trabajo. Tiene formación —psicología social— e influencia para intentarlo. Y no le faltan argumentos de enjundia para intentar conseguirlo.

El diagnóstico: «Para pasar de la infancia a la edad adulta se recorre un camino increíble. Requiere millones y millones de experiencias, mucha prueba y error. Incluye correr y trepar, luchar y abrazar, sonreír, llorar… Piensa cómo eran las cosas cuando tenías siete, ocho o nueve años. ¿Recuerdas haber puesto tu brazo alrededor de un amigo? ¿Recuerdas pelear con tus amigos? Mira cómo juegan los chimpancés. Mira cómo juegan los bonobos. Es parte esencial de ser un primate. Nos encanta tocarnos. Todos los primates se manosean, revisan el pelaje del otro. Es un proceso muy físico y social que tiene efectos hormonales en el cerebro. Cuando se junta un pequeño grupo de niños, bromean entre ellos, se molestan, traman cosas, se pelean, se ríen. No es solo una cuestión física, sino social. Ahora intenta hacer crecer a esos niños sin experiencias físicas y déjales que se comuniquen mirando pantallas. No hay risa compartida, no hay contacto. No hay abrazos. No hay peleas. Lo que te queda de la socialización es solo la información. Y la información es una pequeña parte del proceso».

La estrategia: «La razón por la que hemos llegado tan lejos en esta crisis es porque estamos ante una trampa social. Nadie puede salir porque todos los demás están dentro. La única salida pasa por la acción colectiva. Es muy difícil hacerlo individualmente. Es muy difícil decirle a tu hija que no puede usar Instagram mientras sus amigos están hablando de ella en Instagram. Pero si te coordinas con otros padres, con las familias de los amigos de tus hijos, entonces es diferente. Si tiene 16 años quizá ya es tarde, pero si empiezas a hacerlo cuando tiene diez años, si te organizas para retrasar el primer teléfono móvil de todos… La mayoría queremos ofrecer una infancia divertida y sana a nuestros hijos. No debería ser difícil organizarse. Si lo lográis, no solo no vais a quitarle la vida social a tus hijos, sino que van a tener una vida social más plena y más divertida»[14].

No es necesario dramatizar sobre el impacto de la tecnología, sino de ir estableciendo medidas de control y de regulación para contener los efectos negativos y explorar los positivos. Llevamos poco tiempo —los humanos— familiarizados con estos hábitos de comunicación e incomunicación. Y vamos incorporando métodos de seguridad y de reflexión, como hemos hecho, por ejemplo, con los automóviles.

La falta de procedimientos de control explica que ni siquiera utilizáramos el cinturón de seguridad. Se multiplicaron los accidentes de tráfico y fue necesario introducir nuevos mecanismos preventivos, más allá del cinturón de seguridad o de las restricciones del consumo de alcohol y de drogas.

No se nos hubiera ocurrido retirar los coches ni las motos por la casuística de accidentes, sino ir incorporando protocolos de seguridad que nos han conducido hasta el umbral del coche sin conductor, aunque ya son muchos los vehículos cuyos recursos de «piloto automático» corrigen las deficiencias humanas. Sucede con las motos. El

---

[14] Entrevista concedida a *El Confidencial* el 26 de mayo de 2024.

casco no era obligatorio. Ni se utilizaban los métodos de seguridad —el chaleco airbag incluido— que ahora se han generalizado sin necesidad de prohibir el trasiego de los moteros.

Y como quiera que la Humanidad no tiene por qué sabotearse a sí misma, procede ir graduando el vínculo con la tecnología de tal manera que prevalezca un uso más razonable o menos adictivo. Y que los excesos que cometemos con el móvil a expensas de la buena conversación nos sirvan de argumento reflexivo.

Terminaremos aprendiendo que una videoconferencia no tiene más calidad que una charla telefónica, por mucho que nos resulte atractiva y futurista la idea de encontrarnos en nuestra terminal con la imagen en directo de un familiar o de un amigo. Y aceptaremos que recurrir al *smartphone* para corroborar o desmentir la información que haya trascendido en una conversación no hace sino romper la dinámica y la naturaleza de la conversación misma, por muchas aclaraciones que contenga el comodín mediático.

III
El peligro de la censura y de la autocensura

Escribimos y leemos más que en ninguna otra etapa de la historia de la Humanidad. Y no porque se hayan desbordado las pasiones literarias ni se haya desenfrenado la relación epistolar, sino porque los mensajes de WhatsApp se han convertido en la forma más convencional de comunicarse sin necesidad de hablar por teléfono ni comprometerse al rigor de la escritura.

Se escribe de cualquier manera y se tritura el lenguaje entre abreviaciones y emoticonos, aunque la economía de medios también ha creado interesantes fórmulas creativas de «conversar» con el prójimo.

Hacía falta un verbo nuevo para definir y explorar el fenómeno. Y es el contexto en que ha surgido el neologismo de chatear, un derivado del inglés (*to chat*, charlar) que hemos incorporado a los hábitos de comunicación identificando un sistema híbrido entre hablar y escribir sin que termine de ser ni una cosa ni la otra.

El coloquialismo, la informalidad, se relaciona con el primer verbo (hablar), mientras que el segundo (escribir) se articula en la escritura misma, por mucho que la concibamos sin el menor escrúpulo sintáctico, gramático o semántico.

El verbo chatear reúne, a la vez, las características del lenguaje oral y los rasgos del lenguaje escrito, razones por las cuales ha adquirido fortuna y difusión una manera de comunicarse tan popular como revolucionaria.

Resulta ilimitada la capacidad del ser humano para inventar y reinventar lenguajes o para comunicarse en forma oral y escrita, según el contexto tecnológico y cultural. Somos los humanos seres lingüísticos. Y hemos encontrado en el teclado del teléfono móvil una fórmula de interacción en conversaciones simultáneas cuyas libertades favorecen tanto la indisciplina académica como las contracciones, las abreviaciones, pero también una cierta predisposición a las fórmulas imaginativas, como si el contacto inmediato con los «otros» estimulara el ingenio y la originalidad.

Es la perspectiva compleja donde adquieren vuelo las discusiones y reflexiones sobre la pureza y salvaguarda del idioma. Podría sostenerse que el chat ha deformado el idioma con la misma naturalidad con que lo ha fertilizado.

Los organismos académicos y prescriptivos observan el fenómeno desde una resignación derivada de la propia vitalidad del lenguaje en los soportes digitales y en las costumbres de los propios ciudadanos. Hay lingüistas que denuncian el proceso de degradación del idioma, como los hay —no menos eminentes— quienes consideran que el surgimiento de nuevos lenguajes agrega capital cultural, precisamente por el dinamismo que traslada la capacidad en su dimensión práctica, en su velocidad.

Las escrituras que emergen en el entorno digital no constituyen necesariamente una nueva gramática, más bien se utiliza la vieja gramática de un nuevo modo. La escritura (la conversación) por chat ha «mutado» de la estabilidad de la lengua y del hablante ideal, a la inestabilidad del uso concreto del lenguaje por hablantes particulares, con idiolectos heterogéneos y en contextos de uso hasta cierto punto imprevisibles.

Es el ámbito desenfrenado en el que proliferan los emoticonos. Empezaron siendo caras humanas que representaron una emoción y terminaron convirtiéndose en recursos ilimitados para chatear sin escribir una sola palabra. Lo demuestra el hito informativo que supuso la entrevista concedida por la ministra de Exteriores australiana Julie Bishop en el portal BuzzFeed[1]. Pudo «explayarse» en toda suerte de «declaraciones» sin otro recurso que los emojis. Incluida una denuncia a la tiranía de Putin. Pretendía así llamar la atención con un lenguaje de signos más elemental y atractivo del que le hubieran deparado las palabras.

Hay una explicación: «Ante la ausencia de las personas en vivo y en directo, donde además de las palabras hacemos llegar gestos, entonación y expresiones faciales, los emojis se han convertido en elementos que aportan un "extra" y clarifican la intención del mensaje. Pero no solo es eso. La ciencia ha revelado que los emoticonos de caras tristes o alegres influyen en el cerebro humano del mismo modo que lo haría un rostro en la vida real. Esto sucede porque los pequeños pictogramas son procesados en el área occipitotemporal, la misma zona utilizada para identificar las caras físicas»[2].

Es el criterio de la periodista y escritora Esmeralda R. Vaquero, cuyas reflexiones tanto elogian el esfuerzo de los humanos para explorar las posibilidades del chat como

---

[1] Febrero de 2015.

[2] Revista *Ethic*, 28 de noviembre de 2023.

previenen de los peligros que implicaría estandarizar las emociones a través de unos signos comunes:

«La nueva comunicación escrita aporta numerosas ventajas, aunque tiene un inconveniente fundamental: nos perdemos el componente no verbal presente en las conversaciones en vivo y en directo. Precisamente para contrarrestar esta carencia se crearon los emojis (...). Se pueden definir como pequeñas imágenes o pictogramas con los que expresamos ideas o sentimientos a través de los espacios disponibles en el entorno digital (...), sin ellos los mensajes parecen fríos, distantes, demasiado formales».

Comunicarse cara a cara trasciende el mero contenido semántico de las conversaciones. Pueden decirse muchas cosas sin hablar. Y puede trasladarse un estado de ánimo con la mera expresión del ceño o de los ojos, exactamente como pretendemos hacer con los emoticonos para situar el hábitat de la «conversación» con arreglo a un estado de ánimo.

Restringir la charla a las palabras tanto predispone la simplificación de la comunicación como contribuye a los equívocos. Los mensajes que nos llegan a nuestra terminal aparecen desprovistos de contexto anímico, sin constancia de la ironía, sin noticia de la intención con que nos los traslada el interlocutor. «Qué hijo de puta» puede ser el mayor de los insultos o el más entusiasta de los elogios, dependiendo de si conocemos o ignoramos la temperatura de la conversación misma.

Por eso resultan tan peligrosos los pantallazos (llegar a conclusiones desproporcionadas a partir de mensajes descontextualizados). Y por la misma razón, la costumbre de chatear o wasapear expone la paradoja de comunicarse frenéticamente sin llegar a comunicarse del todo, exista o no exista el recurso ambiental de los emoticonos.

«La comunicación efectiva —sostiene la profesora Idoia Camacho— consiste en utilizar correctamente el lenguaje verbal y no verbal para expresar nuestras ideas, de forma que logremos conectar con nuestros interlocutores para que reciban exactamente lo que deseamos transmitirles y actúen en el sentido en el que nosotros queremos que lo hagan. En definitiva, se trata de transmitir de forma eficiente el mensaje apropiado en el momento oportuno»[3].

Los usuarios de WhatsApp no se sienten obligados por las normas de la RAE ni por admoniciones parecidas, entre otras razones porque buscan comunicarse adaptándose a los recursos tecnológicos de la época. Escriben con la gramática que aprendieron, pero creen que tienen la autonomía para usar nuevos modos escritos que hagan fluida su comunicación.

«Hablamos» por WhatsApp sin necesidad de hablar. Utilizamos los mensajes para el más prosaico de los recados y para la más grave de las rupturas sentimentales. Tanto puede decirse de otras plataformas de «mensajería» que perfeccionan la lectura rápida y la protección de los textos, más todavía cuando los pantallazos se han convertido en un instrumento de coacción y de delación que rara vez se sustancian en un tribunal de Justicia.

Viene a convenirse y a sospecharse que WhatsApp se ha convertido en el subconsciente de la sociedad. Y no tanto en las relaciones bilaterales como desde que empezaron a proliferar los grupos. No se trata de generalizar ni de cuestionar la utilidad de algunos de ellos, pero sí de enfatizar aquellos cuya razón de existir obedece a los desahogos, más o menos como si la presión de la censura y el

---

[3] *The Conversation*, 17 de febrero de 2019.

miedo a la represalia hubieran encontrado la respuesta de un circuito clandestino, un *deep WhatsApp* cuya regla fundamental consiste en la ausencia de unas reglas.

Es el contexto informativo en el que han aflorado grupos de machistas en los colegios mayores, grupos de golpistas en el Ejército y grupos de neonazis entre los *hooligans* del fútbol, independientemente de otras fórmulas menos radicales donde se observan conversaciones más encendidas sin incurrir en comportamientos delincuentes.

Los grupos de WhatsApp y sus modalidades alternativas funcionarían como escapatorias al hábitat de la corrección. Es una prueba de la hipocresía de la sociedad. Y de la forma en que la sociedad misma se desquita o se despoja de los amordazamientos. Las redes sociales, el anonimato y el cuñadismo formalizan una alianza contra el imperio de la asepsia. Proliferan los excesos y los disparates, pero también se demuestra que los ciudadanos encuentran espacios clandestinos para exteriorizar (desde dentro) las ideas políticas y las conversaciones susceptibles de la censura social y oficial.

No puede hacerse demoscopia ni sociología rigurosa con las experiencias de WhatsApp, pero la epidemia de los grupos y la heterogeneidad que los abastece —la familia, los exalumnos, el equipo de fútbol, los colegas de trabajo...— predispusieron la aparición de Vox en el énfasis de los debates. Era la extrapolación o variante coyuntural de la ley de Godwin que ya hemos mencionado en el capítulo inaugural de este ensayo: «A medida que una discusión en línea se alarga, la probabilidad de que aparezca una comparación en la que se mencione a Hitler o a los nazis tiende a uno».

Sucedía lo mismo con Vox. En los bares, en las discusiones domésticas, en los grupos de WhatsApp, cualquier polémica que lograba prolongarse terminaba aludiendo o apelando al partido de Abascal. Y no con el decoro de una conversación reposada, sino con la escalada necesaria en cualquier ejercicio de discrepancia progresiva.

Vox se fue arraigando en la sociedad sin necesidad de intervenir en los cauces convencionales ni participar de los rituales del «sistema». Los grupos de WhatsApp representan un buen ejemplo porque se desenvuelven en la desinhibición y el descaro. La bandera de Vox incita, excita, el lenguaje ofensivo e irreverente que se contiene en los contextos de obligado decoro social, pero es descriptiva, la bandera, de la repercusión sociológica del partido ultraderechista.

El magma social del hartazgo, de la indignación y del victimismo necesitaban un líder capaz de maniobrar la expectativa política. Era un movimiento amorfo o abstracto en busca de autor. De hecho, el oportunismo o la oportunidad de Abascal emula el papel de Chaplin en la manifestación de *Tiempos modernos*: el actor recoge del suelo un pañuelo rojo que se ha desprendido de un camión cuyo remolque aloja una cristalera. Lo agita para llamar la atención del chófer. Y al hacerlo se encuentra liderando una masiva movilización de trabajadores cabreados.

Vox cuenta a su favor con la ventaja del escarmiento populista de Podemos. Iglesias había estimulado la expectativa de una revolución política. Significaba la alternativa al sistema. Y ha malogrado cinco millones de votos a costa de su mesianismo, ubicuidad y carbonización mediática.

Quizá se explican así las desapariciones de Abascal. Más se expone, más se arriesga a la trivialización del misterio. Presume el líder de Vox de «no tener España en la cabeza, sino en el corazón», se relame en las excentricidades, pero también ha descubierto la precariedad del teatrillo y su propia insustancialidad. Vox puede ser la peor competencia de Vox. Por eso necesitan una campaña autorregulada. Y, por la misma razón, el ensimismamiento en las redes sociales les sirve de coartada para exponer la discriminación de los medios y les permite eludir el ridículo.

El fenómeno es muy interesante porque demuestra hasta qué extremo se han desdibujado las fronteras del hábitat sociomediático. Ya no pueden sujetarse los espacios de influencia en la prensa convencional ni en los foros habituales. La heterogeneidad de los canales de comunicación ha transformado el origen y el desarrollo de los grandes debates y de las grandes conversaciones, expuestas estas últimas a una crisis dialéctica que en parte se deriva del influjo de la censura y de la autocensura.

¿Cuáles serían los límites de una conversación sofisticada o de una charla entre amigos? ¿Cuántos tabúes las amenazan? ¿Tiene sentido que las sociedades democráticas y abiertas se hayan castigado a sí mismas con una concepción fanática de la (ausente) libertad de expresión?

Ha llegado a convenirse que en la mesa no debe hablarse de política ni de fútbol, como si la irrupción de argumentos inflamables conllevara el peligro de incendiar la sobremesa, no digamos cuando la crisis política catalana llegó al extremo de partir familias, romper matrimonios e incitar una polarización que reflejaba la temeridad de la clase dirigente.

Puede que evitar ciertos argumentos beneficie la convivencia, pero la solución de abstraerse de las grandes cuestiones para fomentar la bonhomía implica un estado de inmadurez y de mojigatería preventiva.

Debe hablarse de política y de fútbol en una mesa y fuera de ella, como deben cuestionarse las mordazas que una sociedad se impone a sí misma. Renunciar a todas ellas tiene especial sentido cuando los conversadores se comprometen o avienen a consumar un ejercicio de responsabilidad.

La libertad de expresión en sus cualidades y privilegios merece tratarse con criterio, pero es preferible consentir que se desborde y precipite a neutralizarla desde planteamientos censores y autocensores.

Peor que degradar una conversación con excesos y exabruptos es anestesiarla con lugares comunes y tópicos buenistas. Prevalece el miedo a ofender. Se ha hipersensibilizado el victimismo. O se ha convertido el victimismo en un sujeto inapelable e implacable de las charlas y de las conversaciones, casi siempre a expensas de la sensiblería.

La banalización de la víctima ha deteriorado la convivencia contemporánea, precisamente porque el victimismo enfermizo tiende a igualar y democratizar a todas las víctimas, como si no hubiera diferencias entre ellas. Es una de las evidencias sociológicas que se han precipitado en las sociedades occidentales, tanto por la exposición obscena de los sentimientos —del sentimentalismo, de la sensiblería— como por el mecanismo divulgador de las redes sociales, en una suerte de conspiración perfecta.

Tanto nos gusta alardear de la dicha —la felicidad opulenta y obligatoria— como buscar la atención del prójimo en la desdicha. Cualquiera puede ser un héroe. Y, por la misma razón, cualquiera puede ser una víctima. Semejantes aspiraciones y pulsiones abolen la jerarquía. Y tanto perjudican al verdadero héroe como relativizan a la víctima auténtica. Tiene bien definida el profesor Theodore Dalrymple esta idea de la «democratización» de la víctima en un ensayo *Sentimentalismo tóxico*[4], que desenmascara

[4] Alianza Editorial, 2017.

la propensión de la sociedad occidental a la exposición pública de la desdicha como camino de reconocimiento o compasión.

Le sugirió la idea un vistazo accidental a las publicaciones que más se vendían en un supermercado. Proliferaban las historias truculentas y las crónicas victimistas: «Abandonada: una niña buscando desesperadamente el amor»; «Tras las puertas cerradas: una historia real de abandono y superación con todo en contra»; «Mi nombre es Ángel: una historia traumática sobre la huida de las calles y la construcción de una nueva vida».

La lista avanzaba hacia el infinito y proponía a cualquier lector la posibilidad de identificarse en una desgracia digna de ser narrada en primera persona. Y de ser divulgada, más todavía cuando las redes sociales se han convertido en la tierra más fértil y propicia a la exposición de los sentimientos.

El interesante ensayo de Darlymple profundiza en el género en boga que podría denominarse «historias trágicas de la vida convencional», normalmente enfermedades que pueden castigarnos a cualesquiera y que nos trasladan la expectativa de una vida de combate. «Aparentemente —escribe el profesor británico—, mucha gente con lo que más disfruta es con historias de enfermedades ajenas: porque un pequeño cambio en las vidas de las personas, amplificado por la prensa o la televisión, hace que todo el mundo se reafirme sobre la importancia de su propia vida. La importancia se ha democratizado o, por lo menos, se ha popularizado: ahora todos somos importantes (...). Ocultar las emociones es una traición a los demás porque suponemos que estamos desconfiando de ellos y dudamos de su capacidad de comprensión».

Estamos en la era del culto a la víctima. Algunas se autoproclaman así para sacar la cabeza en la sociedad o para obtener ventaja en un proceso judicial, pero el territorio sociológico contemporáneo se antoja más sensible que nunca a la gloria de la víctima cualquiera. Y a obtenerla de cualquier modo. Un drogadicto es una víctima. Y hasta un personaje malvado merece nuestro reconocimiento si apreciamos en su expediente los antecedentes familiares de la maldad. El mundo nos hizo así. Tanto ha prosperado el victimismo que es más víctima el victimario que la propia víctima.

Mejor hablar de política y de fútbol en la mesa que abrumar la conversación con lagrimones y azúcar, aunque vivimos en un estado de susceptibilidad cuya mayor repercusión se aprecia en las líneas rojas explícitas e implícitas de una charla o de un coloquio. De tanto apreciarse el respeto al prójimo, está condicionándose nuestra relación con él y ha hecho que se elimine del debate cualquier asunto espinoso, reproche o incluso cualquier discrepancia, con el ánimo de conversar en la superficie.

«El lenguaje, tanto el escrito como el oral, es la moneda más devaluada de estos tiempos —escribía Sergio del Molino—. No siempre fue así: ha habido civilizaciones que lo apreciaban más que el oro. La China de los mandarines, el Egipto de los faraones o la Atenas del ágora divinizaban el lenguaje y concedían grandes poderes a quienes dominaban sus secretos. Hoy el lenguaje parece tan asequible y abunda tanto que cualquiera se cree capaz de rebatir a Cicerón. Basta con ponerle un comentario en Facebook»[5].

---

[5] Revista *Ethic*, abril de 2024.

Hay argumentos, noticias, fenómenos, sentencias, cuya repercusión subraya el peligro del oscurantismo. Pero no es un rasgo específico de la sociedad española. El dogmatismo de la tolerancia ha terminado coartando la tolerancia misma. Y la estilización de la corrección ha transformado Occidente en un templo pacato, mojigato, de forma que la ferocidad y los peores instintos se amontonan en las redes sociales, como subconsciente de nuestra cultura y como el magma justiciero que está al acecho.

España es noticia como podían serlo Italia o Estados Unidos en la perspectiva del neopuritanismo y la tolerancia enfermiza, pero la tormenta perfecta se ha desencadenado entre nosotros con una narración bastante arbitraria a la que es sencillo dotar de una perfecta tramoya: un rapero que va a la cárcel por enaltecer el terrorismo, otro que se exilia en Bélgica para evitar la prisión, un código penal obsoleto que todavía contempla penas de cárcel en afrentas a la Corona y hasta a la sensibilidad religiosa.

La conspiración podría haberla urdido Torquemada. Y sería ilustrativa de una regresión a la que conviene añadir la participación de una cierta progresía o de una izquierda indignada cuyos dolorosos mártires deciden ellos mismos los límites de libertad de expresión. Hacen suya la causa de Valtònyc o de Pablo Hasél cuando el rapero balear y el delincuente barcelonés se convierten en rapsodas de ETA, pero se movilizan con estupor cuáquero cuando un autobús de la extrema derecha se desplazaba por las ciudades con el eslogan «Un pene es un pene, una vulva es una vulva».

¿Es suficientemente intolerable el mensaje para neutralizar la campaña ambulante del grupúsculo de extrema derecha Hazte oír? ¿Debería prevalecer la custodia de la sagrada libertad de expresión? ¿Es nuestra sociedad lo bastante madura como para convivir con mensajes repugnantes sin verse forzada a abusar de las prohibiciones y de las medidas paternalistas? Antes de que interviniera la Fiscalía en la detención del autobús, el propio ayuntamiento de Manuela Carmena recurrió preventivamente a los meandros de la normativa municipal para aparcar en un garaje el llamado «convoy del odio». Ya decía Napoleón que prefería los reglamentos a las leyes. Y los reglamentos indican, sostienen, que el autocar de Hazte oír vulnera la normativa madrileña de publicidad y movilidad.

Se impuso, por tanto, el consenso político y filantrópico en la solución de abortar la campaña. Y no se esperó a las medidas judiciales, probablemente porque el delito de odio en que pudiera haber incurrido Hazte oír es menos evidente de cuanto sugiere la polémica misma en un asunto muy delicado e incendiario de la sensibilidad social.

De hecho, la libertad de expresión podría resultar dañada en el escarmiento del autobús naranja. Repeler expresiones intolerantes o renegar de ellas con justificada vehemencia o sobreactuación política no debería exagerar las facultades de la prohibición. La libertad de expresión supone un ejercicio de tutela y de responsabilidad que exige transigir con argumentos y causas hirientes. Los tuits del exconcejal de Ahora Madrid Guillermo Zapata sobre los judíos y el terrorismo etarra se nos pueden antojar execrables[6]. Y execrable puede resultarles a los católicos que el carnaval de Las Palmas lo haya ganado una *drag queen* en cuyo desfile emula a la Virgen María semidesnuda y supercrucificada, pero el verbo prohibir y las medidas pena-

---

[6] El chiste de la polémica era este: «¿Cómo meterías cinco millones de judíos en un 600? En el cenicero».

les deben conjugarse con extraordinario cuidado. Y deben aplicarse en presupuestos inequívocos, precisamente para salvaguardar la tolerancia de los espacios emotivos o demasiado subjetivos. ¿Hazte oír incurre en un delito de odio? Explícitamente no, al menos a tenor de la lectura del texto y en sus connotaciones semánticas. E implícitamente es probable, más aún cuando se hace diana con los niños transexuales en un sesgo particularmente miserable, pero la duda misma invita a la prudencia. Y no porque el movimiento retrógrado Hazte oír merezca la menor consideración o condescendencia, sino porque la libertad de expresión merece salir indemne, aunque sea por exceso.

Intervienen entonces el paternalismo y la pulsión tutelar. Y se inmiscuye el debate oportunista de los límites del ofensor y del ofendido. Brazo de hierro para golpear. Piel de seda para encajar. Un combate desequilibrado que desluce el debate mismo de la libertad de expresión, restringiéndola al partidismo y a la propia sensibilidad ideológica o cultural. La izquierda se está volviendo puritana. La derecha se está volviendo ácrata.

Tanto se indignaba la exalcaldesa Ada Colau con el sacrificio de Santiago Sierra en Arco —le censuraron un panel con los héroes del *procés*— que parecía haber olvidado las consignas políticas con las que hizo eliminar de Barcelona un retrato del maestro Juan José Padilla y otra imagen de Morante de la Puebla en que evocaba el genio de Salvador Dalí.

Eran fotografías desprovistas de sangre o de violencia, pero el mero oficio de sus protagonistas —toreros— predispuso una ordenanza para impedir que los vecinos de Barcelona se expusieran al contacto visual con un espectáculo prohibido en la capital catalana, como si fueran yihadistas.

Es un ejemplo elocuente del posibilismo que pervierte el gran debate. Y un motivo añadido al amaneramiento y dimensión coercitiva de la sociedad española. Urge modificar el Código Penal, despojarlo de la represalia a la blasfemia, la provocación artística y hasta la ofensa más dolorosa.

No existe proporción entre la crueldad verbal de Valtònyc y la desmesura de los tres años y medio de prisión, como no ha existido mayor campaña de difusión para *Fariña* que el secuestro temporal del libro de Nacho Carretero, acuérdense, pero no conviene deducir de una y otra sentencia judicial —ambas sujetas a Derecho— que en España se persigue la libertad de expresión y se acosa al artista libertario, menos aún cuando los sujetos políticos más indignados por la censura han dilatado hasta extremos inconcebibles los límites de la Constitución, de la libertad y de la convivencia. El soberanismo y su ferocidad excluyente, tantas veces amparados en la credulidad de la difunta izquierda podemista, deteriora las conquistas de nuestra sociedad, hasta el extremo de haber vaciado de contenido la semántica del franquismo, la dictadura, el exiliado, el preso político o la propaganda.

El independentismo ha abusado de la libertad y de las libertades. Ha instalado un pensamiento único y un dogmatismo religioso. Y ha ejercido una presión descomunal sobre la tolerancia, de tal forma que la consternación por la causa de Pablo Hasél se resiente de una embarazosa hipocresía, más todavía cuando aspira a consolidarse la percepción de una España oscura y siniestra que pretende cercenar el vuelo sagrado de la autodeterminación. No están en absoluto comprometidas las libertades en España. Ni puede justificarse una tesis maximalista amontonando unos casos lamentables de la actualidad. Otra cuestión es la mansedumbre de las sociedades occidentales y el pudor enfermizo con que se penaliza la menor transgresión. Los sátiros se han convertido en agitadores incendiarios. Y la censura y la autocensura han reprimido el pensamiento ilustrado, empezando por las conversaciones. De hecho, la proliferación de líderes populistas y de figuras redentoras proviene de la capitulación del buenismo occidental respecto a debates tan incómodos como el burka, la inmigración, la seguridad y las aspiraciones identitarias.

Por eso procede señalar a la izquierda. Y reprochársele el giro inquisidor que parece haber colonizado el dogma del buenismo. Una izquierda contenida y contenedora que se relame en el prohibicionismo y que se ha puesto un corsé asimétrico. Libertad de expresión, sí, pero según. Por eso hablamos de un libro que publicó el periodista y ensayista Alejo Schapire. Se titula *La traición progresista*. Y lo ha editado Península, aportando ideas a uno de los debates más candentes de nuestro tiempo. ¿En qué momento la izquierda se hizo puritana y moralista? ¿Por qué una cierta izquierda es tan generosa con la libertad de expresión propia y tan restrictiva con la libertad de expresión ajena? ¿No es particularmente dramático que este neopuritanismo haya afectado no ya a la pornografía y al desnudo, sino a las manifestaciones artísticas, cuando se supone que responden de un espacio particularmente desinhibido?

«La izquierda infantiliza a las minorías, no se puede decir nada ofensivo o que genere un debate sobre ellas y no se dan cuenta de que le hacen el juego a quienes quieren suprimir el derecho de criticar y la libertad de expresión. Con la religión, por ejemplo, se aplica el criterio de islamofobia, que impide cualquier crítica. Cualquier cosa que pueda ofender una cultura que no sea dominante —que es la de los blancos y heterosexuales— es silenciada. De esto se desprende la "cultura de cancelación", porque se amplía el criterio de lo que es considerado tolerable o no tolerable, en tanto puedan afectar a alguna minoría. Así, cada día hay una obra o artista o manifestación cultural que cae dentro de esta pira donde tienen que quemarse. Sea una obra de Esquilo, Platón o un catálogo de dibujos animados, porque son considerados racistas. Es infantilizar al público, al que ven como incapaz de pensar en el contexto»[7].

El campo de minas que se ha impuesto a sí misma la progresía respecto a la corrección y la autocensura ha favorecido la desinhibición de la extrema derecha y de la derechona rancia. Lo explicaba un compatriota del propio Schapire, el ensayista Diego Sztulwark, pero desde otros presupuestos no menos interesantes:

«Las extremas derechas rompen el pacto, llaman a las cosas por su nombre, apelan a una sinceridad siniestra, exhiben todo lo que la política democrática convencional encubre. Explicitan todo aquello que el pacto de dominación oculta por la vía de eufemismos. Pero al contrario de lo que ocurre con las manifestaciones históricas de la izquierda antisistema, no padecen sanción alguna por sus supuestas transgresiones.

Podemos decirlo de este modo: la derecha extrema ha hecho saltar por los aires la lengua de lo políticamente correcto, que consiste en no llamar por su verdadero nombre la realidad de los derrotados. Es decir, todos sabemos que las líneas de dominación del sistema producen indios, negros, palestinos, putas o migrantes, pero contamos con un

---

[7] Entrevista aparecida en *Infobae*, 11 de marzo de 2021.

eufemismo políticamente correcto para evitar la desagradable experiencia de exhibir esas relaciones de poder. La derecha extrema, al percibir amenazados sus privilegios, ha decidido hablar claro, afirmar esas relaciones de dominación, desinhibir su verbo. ¿Qué hacemos ante eso? ¿Reaccionamos como custodios de lo políticamente correcto, como policías de la lengua?

La retórica llamada progresista, de la izquierda que solo aspira a la gestión de lo que hay, es una lógica discursiva sin ideas, sin fuerza, sin voluntad de transformación. Pura razón cínica. Por tanto, un serio problema de la "comunicación de izquierda" —si tal cosa fuera posible— es poner en juego otro modo de hablar, para poder enfrentar tanto el cinismo parlamentario como a las ultraderechas. Evidentemente, no es solo un problema de audiencias, sino de cómo amarrar experiencias, sentidos, palabras. De otro modo solo la derecha capitaliza la evidente miseria del progresismo. Sin que aparezca un contrapoder con capacidad de narrativa propia, no hay comunicación de izquierda»[8].

Pasiones mitológicas fue el título de la exposición que se inauguró en el Prado en alusión a la carnosidad y teatralidad de la pintura misma. Por eso carecen de sentido los dogmas neopuritanos que una cierta progresía —llamémosla «regresía»— ha convocado para sostener que la pinacoteca madrileña consolida los patrones discriminatorios hacia las mujeres. Aparecen ¡¡¡desnudas!!! Y configuran, por lo visto, un inventario atroz en beneficio del yugo del heteropatriarcado: mujeronas degradadas a carnaza y a lascivia. Impresiona la perspectiva porque de-

[8] Entrevista concedida a *ctxt* el 2 de octubre de 2021.

muestra una veladura mental mayor de la que obligó a Volterra recubrir los genitales de los protagonistas de la escena del Juicio Final en la Capilla Sixtina.

Hay espectadores/as, por tanto, que se niegan a experimentar el placer de la pintura. Que no ven la materia ni la hondura. Que renuncian a la diversión de las tramas. Que se abstraen del estupor estético. Y que hubieran preferido recubrir las pinturas con una sábana blanca.

Fue la humillante concesión que hizo Matteo Renzi al presidente Rohaní con motivo de la visita oficial a Italia en 2016. Se recubrieron las esculturas desnudas en deferencia al teócrata iraní. Las femeninas y también las masculinas. Porque no solo la mujer ha sido un «objeto iconográfico».

El desnudo del hombre constituía el canon absoluto de belleza en el periodo clásico. Era la medida nuclear de la estética y del humanismo a expensas de la «discriminación» femenina, cuya plena integración canónica hubo de esperar a la expresividad del periodo helenístico. Viene a cuento el matiz porque resulta enfermizo observar en los desnudos de Rubens una animosidad de género. Menos aún cuando *Las tres gracias* representan a sus dos mujeres y al híbrido perfeccionista resultante de ambas.

Va a echarse de menos la clarividencia de Todorov en la crisis de identidad europea. El pensador francobúlgaro alertaba contra el peligro del oscurantismo. Y no se refería solo al hacha primitiva del nacionalismo o la vitalidad de la patria decimonónica. Aludía a los límites de la libertad de expresión que se están autoimponiendo las sociedades abiertas en una concepción enfermiza de la tolerancia. El miedo a ofender ha terminado por otorgar el púlpito a los patriarcas del populismo. Y la dejación de funciones y responsabilidades en asuntos capitales de sensibilidad ha fomentado la expectativa mesiánica.

IV
Tópicos y clichés: hablar hasta la eternidad sin decir nada

Mira, Sancho, no te digo yo que parece mal un refrán traído a propósito; pero ensartar refranes a troche y moche hace la plática desmayada y baja.

MIGUEL DE CERVANTES, *El Quijote*

Hablar mucho sin decir nada. Las conversaciones se resienten de la influencia de las naderías y del influjo de los tópicos. Los aceptamos como verdades y dogmas por el mero hecho de haberlos asimilado en la inercia de la costumbre social y en la energía de las convenciones. Pueden encadenarse tópicos y clichés hasta la eternidad, incluidos naturalmente todos aquellos que conciernen a las cuestiones trascendentales.

«Algo tiene que haber», nos decimos en alusión a la idea abstracta de Dios. Y descendemos a las cuestiones más prosaicas sin reparar en el deterioro del lenguaje y del diálogo, a fuerza de sepultarlos —el uno y el otro— con lugares comunes que se entrecruzan sin fondo (ni destino). Se ha agotado la carne de tanto ponerla en el asador. «No tenemos palabras» de tanto utilizarlas en vano y de manejarlas sin el menor escrúpulo semántico.

El cuñadismo sería el canal más reconocible de semejante conducta social. De hecho, el cuñado no responde necesariamente a su definición normativa —hermano del cónyuge de una persona—, sino al personaje que más soltura expone en el inventario de los topicazos. Cuñado o «cuñao» puede ser nuestro abuelo y nuestra hermana, igual que un amigo o una sobrina.

Es difícil emprender una conversación al margen de los clichés. Y no aludimos solo a las reglas de convivencia que pueden observarse en un ascensor —«hace un tiempo de locos»—, sino a la suplantación misma de la dialéctica a través de los tópicos. Acaso el más letal de todos lo acuñamos al proclamar «es como todo». Funciona como remedio polifacético a cualquier conversación que pretenda emprenderse o terminarse. «Es como todo» tanto vale para lamentarse del pinchazo de una rueda como para consolar a una viuda. «Es como todo» quiere decir que no decimos nada, abusando de unas generalidades que deterioran cualquier expectativa conversacional.

Los tópicos intoxican la conversación igual que sucede con el refranero. Los unos y el otro se abastecen del prestigio de la obviedad, de la frase hecha. Está muy sobrevalorada la sabiduría popular, como lo están los lugares comunes que han subvertido el prestigio de una charla. Y no es que los ciudadanos deban expresarse como Demóstenes o como Churchill, pero impresiona la naturalidad con que se encadenan las expresiones heredadas y las reflexiones inducidas por la tradición, la pereza y la costumbre.

El caso del tiempo es particularmente significativo porque propone el mayor inventario de refranes y porque conserva intactas sus peculiaridades mágicas a pesar de que la tecnología de bolsillo nos ofrece todas las soluciones para desquitarnos de las incertidumbres. Sabemos cuándo y cuánto va a llover, cuántos grados baja y sube el termómetro, pero el tiempo garantiza el mejor salvoconducto a una conversación imprevista, inoportuna o embarazosa. «Hace un frío que pela». «No soporto el calor».

Más hostil es el hábitat de una conversación, mejor funciona el recurso del tiempo. Sucede en el espacio reducido de un ascensor y en el habitáculo de un taxi. No pudiendo escapar de un lugar ni del otro, los humanos habríamos acordado que la meteorología predispone un espacio de consenso, de tregua, cuando «llueve a mares», o cuando el grajo vuela bajo.

El tiempo es la llave mágica que desatasca las situaciones de timidez, claustrofobia o ansiedad cuando coincidimos con extraños en el elevador de un centro comercial o de un hotel. Es una medida de aproximación y de evitación contemporánea y complementaria, precisamente para urgir la conveniencia de una paz armada en los espacios reducidos.

Así lo explicaba a título corporativo un pasaje de una revista de ascensores:

> Cuando entramos en un ascensor con un desconocido nos viene un solo tema a la mente: comentar si el viento que hace nos está dejando helados, si el chaparrón que ha caído es muy raro para las fechas del año en la que nos encontramos o si hace calor como si estuviéramos en pleno verano. El tiempo es algo recurrente a la hora de conversar en este reducido espacio llamado ascensor. ¿Por qué recurrimos a hablar de ello?
>
> En nuestra sociedad tendemos a dejar siempre un espacio de cortesía entre desconocidos, en el cual no nos pode-

mos meter a la hora de tener contacto con esas personas. Así, en un ascensor no estamos cumpliendo ese espacio de cortesía, por lo que recurrimos a mecanismos que nos ayudan a salir del paso. Ya sea mirar el móvil, mirar la máxima carga del ascensor o al techo, uno de los mecanismos a los que recurrimos es hablar del tiempo que hace[1].

La principal ventaja de las conversaciones insulsas consiste en su utilidad social, precisamente cuando se instrumentan —conscientemente o no— para resolver los episodios cotidianos y superficiales. Hablar sin decir nada permite sobrepasar la vacuidad de los encuentros inevitables, sea paseando los perros en el parque, recogiendo a los niños en el colegio o coincidiendo con otros pacientes en la sala de espera del dentista.

Es entonces cuando más se agradece la insustancialidad, tantas veces derivada de la meteorología del momento y de la actualidad de la jornada —las decisiones arbitrales, el cotilleo—, aunque los espacios clínicos, las consultas, los ambulatorios, predisponen la afición y sensibilidad generales al argumento totémico de las enfermedades.

Gusta a los españoles hablar de ellas, incluso presumir de las dolencias. Las que se padecen en primera persona y las que forman parte de la célula familiar, normalmente desde perspectivas victimistas y pesimistas.

Uno de los grandes tópicos de la conversación deportiva —merece un episodio específico el asunto— suscribe la idea de que cada español lleva dentro de sí un seleccionador nacional, pero el verdadero oficio vicario concierne

---

[1] Noticia aparecida en la web del grupo Oelcun el 12 de enero de 2016.

a la profesión de médico o de enfermero. Quizá porque la experiencia en carne propia —dolencias, achaques, contratiempos— habilita un proceso de formación y de erudición que se sustancia en el transcurso de los años, pero también por el placer estricto de la morbosidad. Y porque participar de nuestras enfermedades tanto aloja la expectativa del narcisismo como convoca la solidaridad del prójimo y las urgencias de cariño.

Se trata de un terreno fértil a los tópicos y los clichés, bien para definir las deficiencias del sistema de salud público o bien para la exageración de sus cualidades. Nos molesta que los extranjeros se aprovechen de la Sanidad —los inmigrantes sin papeles, los guiris que practican el turismo sanitario—, pero la convertimos al mismo tiempo en la imagen de la prosperidad.

Decía Chéjov que «a la gente le encanta hablar de enfermedades aunque sea la cosa menos interesante de la vida». Y no es que el literato ruso fuera natural de La Mancha, pero su diagnóstico universalista adquiere vuelo y significado en una sociedad, la española, que se reconoce en los símbolos de la jaqueca, el gripazo y del correspondiente absentismo laboral.

Podríamos convenir que es de mala educación hablar de enfermedades. Y que hacerlo a título individual tanto determina un abuso en la paciencia y en el pudor ajenos como deteriora la calidad de la conversación. Peor aún si el caso médico que expone un interlocutor engendra después la necesidad de responder con los casos similares de las personas allí presentes.

«A mí me pasó lo mismo». «Lo mío fue aún peor». «Déjate, como la Sanidad pública no hay nada». «Me tuvieron no sé cuántas horas abandonado en un pasillo». «Ya que pago mis impuestos, lo que espero es que…».

La recomendación de eludir las conversaciones sobre las enfermedades nada tiene que ver con aislarlas en tabúes ni en discriminar a quienes las padecen. Una sociedad está obligada a hablar abiertamente del cáncer, de la esquizofrenia, del suicidio y del paludismo, pero los espacios y contextos donde hacerlo se circunscriben fuera de la charla entre amigos. Ni siquiera cuando recurrimos a los términos menos científicos de las respectivas dolencias. ¿Qué es un patatús? ¿Y un jamacuco? ¿Cómo explicaríamos a un galeno británico que nos ha dado un telele, un chungo o un soponcio? Lo decía con acierto un aforismo de William Osler: «Hablar de enfermedades es una especie de entretenimiento de *Las mil y una noches*».

Recomendamos encarecidamente seguir el ejemplo de D. H. Lawrence (1855-1930) en la impostura con que sobrelleva sus enfermedades. Impostura quiere decir que renegaba de ellas aunque lo torturaban. Rechazaba definirse como un hombre enfermo. Y presumía de una magnífica salud pese a las evidencias de su deterioro, incluida la tuberculosis que lo condujo a la muerte en el exilio de Vence.

D. H. Lawrence era un hipocondriaco invertido, para entendernos. Y no decimos que su ejecutoria fuera ejemplar («la vida está para gastarla, no para salvarla»), pero su filosofía hedonista, expuesta al escrutinio inquisitorial, prevenía del victimismo con que el interlocutor celtibérico responde con detalle a una pregunta tan inocente como: «¿Qué tal estás?».

Y es entonces cuando sobrevienen los detalles de una respuesta pormenorizada, casi siempre en alusión al estado deprimido de ánimo y de salud. Inventario de patologías, medicación. Catálogo de achaques. Y un abuso del pudor que termina contrariando la oportunidad de la pregunta misma. Dan ganas de retirarla. Y de saludar con la mano, para evitar así la escalada de una conversación que se nutre de victimismo y de tópicos.

¿Podemos hablar sin ellos? Es difícil neutralizarlos, igual que resulta más complicado cuestionar su validez una vez que funcionan como argumentos de consenso. Decimos que en «España se come mejor que en ningún sitio» sin poderse contrastar la bravuconada patriótica. Y no vamos a discutir aquí la benevolencia de la dieta mediterránea, sino la naturalidad con que los lugares comunes sustituyen el mérito de la conversación misma.

El lúcido periodista Miguel Ángel Aguilar se resiste a la convención del tópico cada vez que dice «como fuera de casa, mejor que en ningún sitio». Se trata de retorcer la idea contraria «Como en casa, en ningún sitio». Y de reflexionar sobre la normalización de comportamientos que nunca sometemos a escrutinio porque se han fosilizado en nuestras vidas.

Pongamos como ejemplo la carga positiva con que el lenguaje identifica la expresión «somos como una familia». Definimos con ella una idea estilizada de buena convivencia y de espíritu solidario, pero bien podría decirse —y no se dice— exactamente lo contrario. Bastaría con mencionar la sordidez de la endogamia, las disputas de las herencias, los crímenes de cercanía, el tabú del incesto, los abusos domésticos, las traiciones del propio linaje.

La familia y el terror se acompasan inequívocamente en el enjundioso tratado de la historia del mundo que escribió en 2023 Simon Sebag Montefiore[2]. Contiene toda la sabiduría del ensayista británico. Y un recorrido de 1500 pági-

---

[2] *El mundo. Una historia de familias*, editorial Crítica.

nas que bien podría utilizarse contra los tópicos que idealizan la célula familiar simplemente porque los heredamos... de padres a hijos.

Ya decía Cioran que era más difícil gestionar una familia que fundar una civilización. Y ya escribía Sebag Montefiore que la crónica universal de la familia, desde las cavernas a las naves espaciales, nunca puede disociarse de la crueldad, el crimen, el incesto, los ajustes de cuentas, el parricidio, el síndrome de Medea, las crisis de sucesión sanguinolentas.

Por eso llama a la familia «la materia oscura de la historia». No solo aludiendo a la perversión de los emperadores romanos, a las infidelidades de los Kennedy, a las torturas de los manchúes y a la reputación despiadada de los Romanov, sino convirtiendo unos y otros linajes en las categorías donde pueden y caben reflejarse la realidad inconfesable de las familias anónimas.

Encubrimos las evidencias en las reuniones sociales de mayor hipocresía —las bodas, los bautizos, las cenas de Navidad— y disponemos de un inacabable recurso de tópicos para disimular el hedor del pantano. Porque «madre no hay más que una». Porque «no queremos perdernos la infancia de nuestros hijos». Y porque nos preguntamos de manera inmisericorde y reiterativa si fulano o fulana «ha rehecho» su vida después del divorcio.

¿Qué significa rehacer la vida? Las interrogaciones aluden de manera sistemática a la aparición de una pareja, como si la vida no pudiera rehacerse sin necesidad de una sustitución inmediata o como si un divorcio no pudiera ser en sí mismo la manera de rehacer una vida.

Es el contexto en el que tiene sentido dudar de los clichés, más todavía cuando mediatizan las opiniones y los comportamientos. Los tópicos pueden resultarnos útiles en un funeral —«siempre se van los mejores», «te acompaño en el sentimiento», «no somos nadie»— y en un sarao social desprovistos de implicaciones luctuosas, pero resultan perniciosos cuando se trata de emprender una conversación en condiciones.

Un inciso: sobrevivir a una conversación familiar

La cena de Nochebuena o la comida de Navidad pueden considerarse el límite extremo en que se conciben las relaciones familiares, con todos los peligros de un campo de minas que incita a desenvolverse en estado de levitación. Y como no es fácil levitar, pueden recomendarse otras posibilidades alternativas. La primera de las cuales, un poco extrema, consistiría en no presentarse, lo cual es difícil de justificar cuando, por ejemplo, es usted el anfitrión.

Si no lo es, necesita un argumento contundente. Autolesionarse. Hospitalizarse. O emprender una misión paracaidista. Llegar cuando empieza la cena y aducir poco después la necesidad espiritual de ir a la misa del gallo, pero este plan requiere comportarse mientras se desenvuelve la reunión familiar. No hable, por ejemplo. O no hable de política ni de fútbol. Ni introduzca el debate de la amnistía. Ni mencione a Pedro Sánchez.

Ni se atreva a hablar de Vox. Ni tampoco beba, ni llegue bebido, porque el alcohol es el antídoto a la hipocresía. No reaccione a las provocaciones del cuñado. Y tenga presente que el cuñado no es exactamente un rango familiar, sino una categoría lenguaraz. O sea, que un cuñado puede ser una madre, un hermano, un tío o un sobrino, pues se define la categoría en la capacidad de crear un problema para cada solución. Y no al revés.

Resista. Conténgase, abstráigase. Conciba la cena caliente como una guerra fría. Finja la misma bonhomía que demostraban Puigdemont y Bolaños. Y si tiene que hablar, hágalo como lo haría el papa Francisco. O sea, diciendo exactamente lo que los comensales quieren escuchar. No se meta en ningún fuego cruzado. Y asuma —se lo volvemos a recordar— que una cena de Navidad es como un campo de minas. Desenvuélvase con ingravidez. Levite. Distánciese, como si se observara desde fuera. Ya casi lo ha conseguido. Y si nota que flaquea su espíritu, recuerde este chiste de Eugenio:

—Caramba, don Genaro, cómo hace usted para conservarse tan joven.
—Pues no discutiendo con nadie.
—Hombre, no será por eso.
—Pues no será por eso.

Entre la historia y la ficción, «somos como una familia» debería evocar las aberraciones de los Habsburgo, las atrocidades de la dinastía Ming y la crueldad de los Soprano, pero el tópico ha consolidado la acepción más entusiasta, hasta el extremo de que el sobrenombre de la selección española de *basket* que ganó el Europeo en Berlín (2022) era «la familia».

Pretendía así fomentarse o trasladarse una especie de célula privilegiada. Y de justificar los progresos baloncestísticos a través de las relaciones fraternales, como si no fuéramos los españoles herederos de Abel y de Caín. Y como si pudiera o pretendiera eludirse la franqueza del cuadro de Goya en su *Riña a garrotazos*, trasunto de un lienzo descomunal y estremecedor que opone la gresca de un ibérico contra otro ibérico que pelean con las pantorrillas enterradas en el fango. Somos cainitas como nos pinta Goya y como nos retrata la Guerra Civil, pero existe un contrapeso no menos arraigado y no menos antropológico que consiste en la sensibilidad incondicional hacia el prójimo que sufre. Nos movería, nos sacudiría, a los españoles una dialéctica que oscila de la destrucción a la entrega. Vampirizamos al vecino porque nos obsesiona lo que hace, pero también le damos nuestras vísceras y nuestra sangre. Hasta la última gota. Incluso más, mucho más, de la necesaria. Los litros de hemoglobina con que los españoles colapsaron los hospitales después del 11-M no parecían responder únicamente a la emergencia de las transfusiones. Se trataba de proporcionar un ritual eucarístico. Ayudar a los moribundos, vale. Pero resucitar a los muertos también: sangre de nuestra sangre. Tiene sentido acordarse por idénticas razones de las manos ensabanadas, de las calles abarrotadas de gente para detener la ejecución de Miguel Ángel Blanco, de las velas que conjuraban la oscuridad en la estación de Atocha, de las familias enfangadas en chapapote cuando sobrevino el hundimiento del Prestige.

Los españoles estamos obsesionados con el vecino. Para ayudarlo y para hundirlo. Para espiarlo y para confortarlo. No existe ningún país civilizado donde las revistas del cotilleo y el despiece de vísceras hayan consolidado la conducta de asistir a la vida de los demás. Quizá para vivir otras cosas en experiencia ajena, o para cotejar la propia desdicha con la angustia del «otro», no digamos si es famoso y digno de merecerse la envidia.

«Somos como una familia», de acuerdo. ¿Pero cuál? ¿La que retrata Goya en la corte siniestra de Carlos IV? ¿La de Rodríguez Zapatero en el despacho oval de Obama? ¿La de Puerto Hurraco? ¿La de Jordi Pujol?

No es cuestión aquí de improvisar grandes teorías antropológicas de la idiosincrasia celtibérica, pero sí de alertar de los peligros derivados de la asunción y asimilación de los tópicos como placebos de la verdad o, peor aún, como modelos aspiracionales que resultan innecesarios.

No está claro que en España se coma mejor que en Italia, ni parece demostrado que Alicante sea la *millor terreta del mon*. No está acreditado que los catalanes sean tacaños ni que los andaluces sean unos vagos. Otra cuestión es que los lugares comunes hayan desplazado el sentido y hasta el interés de la conversación misma, como si pudiéramos recurrir a ellos para abstenernos de construir un discurso y de reflexionar sobre las cosas. Cuesta trabajo hacerlo no ya en los clichés argumentales, sino en los tópicos sociales. Empezando por las comidas o las cenas de empresa, hervideros de lugares comunes donde aspira a establecerse una tregua social. Que no es la paz ni la concordia, sino la hipocresía. Por eso resultaría preceptivo que estas reuniones de impostado hermanamiento se desarrollaran en un pacto de abstemia. Porque el alcohol es contraproducente respecto a las intenciones de esta mascarada social. Ingerirlo como anestésico hacia dentro conlleva una pérdida de control, de forma que las comidas y las cenas de empresa acaban degenerando en reyertas o ajustes de cuentas.

Se termina diciéndole al colega del despacho de al lado lo que realmente piensas de él. O sucede que la bebida incita otras desinhibiciones. Confesarle a la compañera de curro que la empotrarías en el baño, cuando la compañera de curro no deja ni terminar la frase porque ha huido en un taxi. Es un escarmiento a las pretensiones filantrópicas de estas alegrías artificiales que induce el patrón para hermanar al rebaño y compensar con unas botellas de cava y un jamón de bodega normalmente reseco su rechazo sistemático al aumento de sueldo o a la flexibilidad laboral. No es un gesto de generosidad, la cena. Es un ejercicio populista, del que el patrón se vale para encubrir su desprestigio. Se llaman comidas de empresa porque el personal termina devorándose. No siempre de manera explícita, pero sí de forma elocuente respecto al trauma de irte a cenar con las mismas personas con las que trabajas, no digamos cuando hay amigo invisible porque amigos visibles no puede haberlos en estas ceremonias de sonriente sordidez.

El terreno más hiperbólico y más sensible al respecto de los tópicos fosilizados puede que sea el del deporte. Ya se ocupan de demostrarlo todos los clichés con que resulta posible construir una crónica olímpica, una tertulia de sobremesa y hasta una cosmovisión del fútbol. «Caldera de pasiones», decimos. Y metemos en la olla todas las expresiones que alimentan las discusiones de la barra o las tertulias de los espacios nocturnos.

No hay enemigo pequeño. Los partidos no terminan hasta que el árbitro pita el final. Se juega a cara de perro. Estamos en deuda con la afición. Los postes también juegan. El portero se la ha comido. Nunca hablo de los árbitros, pero… Siempre soñé jugar en este equipo. Partido a partido. El balón no ha querido entrar. Vamos a darlo todo. El partido se va a decidir en los detalles. Lo que pasa en el campo se queda en el campo…

No tiene límites el inventario, ni se ponen en discusión los lugares comunes. Algunos, por su naturaleza de estricta perogrullada (los partidos duran 90 minutos, cuando ni siquiera ya duran 90 minutos). Y otros, porque se aceptan como dogma sin llegarse a cuestionar las contradicciones o irregularidades. ¿Acaso los penaltis son una lotería?

No lo son en absoluto. Ni cuando prorrumpen en un partido convencional ni cuando deciden una finalísima después de la prórroga. El lanzamiento de un penalti convoca la pericia del tirador, su resistencia a la presión, la capacidad técnica, la habilidad, la gestión del cansancio, la astucia, la picardía.

Y podría decirse lo mismo del portero. Dice el tópico que los penaltis fallados no son acierto de los guardametas, sino errores de los lanzadores. Y está claro que es más fácil anotarlo que errarlo, pero la pena máxima también pone en evidencia la cualificación del cancerbero, entre la técnica, la intuición, la solidez mental y la interpretación del momento.

Hay futbolistas especialistas en tirar penaltis y especialistas en detenerlos. Y no es cuestión de discutir la influencia de la fortuna en determinadas circunstancias, pero el topicazo de la lotería atribuye al penal —así se llama en Argentina— y a la ronda eliminatoria una falta de valor injustificada que los aficionados y los comentaristas aceptan con toda mansedumbre.

Se amontonan los ejemplos en la propia subversión de las conversaciones.

Entrenador nuevo, victoria segura. La mejor defensa es un buen ataque. Hay que seguir trabajando. Vamos a salir a ganar. Es un sueño hecho realidad. Estoy contento con mi trabajo, pero lo importante es el equipo. Las estadísticas están para romperse. La eliminatoria está al 50 %. Jugamos como nunca y perdimos como siempre. Los árbitros son humanos y se pueden equivocar. En un derbi puede pasar de todo. Cada partido es una final. Las finales no se juegan, se ganan. Esto es la grandeza del fútbol. Si va dentro, es gol. Ni antes éramos tan buenos ni ahora somos tan malos. El objetivo es marcar. Si nos adelantamos en el marcador tenemos muchas opciones de ganar. El partido del siglo. Tener la suerte de los campeones…

Es el contexto en el que tiene sentido citar la maestría de Vujadin Boskov, entrenador serbio con larga experiencia en el Madrid a quien bien podríamos reconocer haber parido el tópico de todos los tópicos: «Fútbol es fútbol».

Le gustaba al míster tragarse los artículos determinados, aunque su verdadera reputación proviene de la soltura con que despejaba las preguntas impertinentes. Se demuestra así que el lugar común y la frase hecha funcionan como parapeto e instrumento de protección, sin menoscabo del ingenio que practicó Vujadin Boskov en su fabuloso dietario:

> «Fútbol es imprevisible porque todos los partidos empiezan a cero».
>
> «Ganar es mejor que empatar. Y empatar es mejor que perder».
>
> «Perder es mejor que bajar a segunda».
>
> «Mejor es perder un partido por nueve goles que nueve partidos por uno».
>
> «Punto es punto».
>
> «Penalti es cuando árbitro pita».
>
> «Cuando Dios no quiere, pelota no entra».

«Entre el axioma, la ironía y la perogrullada, nadie como él desdramatizó las batallas sobre el césped hasta convertirlas en algo tan trivial, solemne y azaroso como un juego. En su particular esperanto, Vujadin Boskov fue, además de un digno centrocampista y un meritorio entrenador, un creador de lemas históricos que arraigaron en la enciclopedia del fútbol mundial», escribía Faustino Sáez en el obituario publicado en *El País*[3].

---

[3] 27 de abril de 2014.

Igual que en otros ámbitos del lenguaje, el tópico deportivo fluctúa entre la repetición eterna de una idea y la repercusión de una obviedad. Ninguna acaso tan evidente como «el fútbol es así». Que es una referencia sectorial de la expresión «así es la vida» o «la vida es así». Y que redunda en la naturalidad con que decimos las cosas sin realmente pensarlas.

El tópico identifica un ejercicio de pereza mental. Y no porque sea una fórmula incorrecta, pero se abastece de la pobreza léxica y de la convención, hasta el extremo de desnutrir cualquier discurso. Decimos que «somos lo que comemos» y convenimos que «todas las opiniones son respetables» (¿?), aunque también articulamos otros mecanismos lingüísticos de absoluta vacuidad, entre las «merecidas vacaciones» y los «marcos incomparables».

«¿Quién sería el primero que escribió "un marco incomparable"? —se preguntaba la escritora Isabel Garzo—. Seguro que le pareció una elección acertada, con buena sonoridad y un significado tajante. Cómo iba él a suponer que el abuso de esta expresión terminaría anulando su significado».

«Utilizar un tópico, también llamado lugar común, al escribir o hablar equivale a no decir nada, o a decir muy poco en el mejor de los casos. Los ojos de los lectores y los oídos de los oyentes pasan de largo por estas construcciones demasiado trilladas. Frases como "solo se vive una vez" o "rectificar es de sabios" y asociaciones lingüísticas como "claro exponente", "oportunidad única" o "estrecha colaboración" demuestran la pobreza léxica de quien las utiliza», reflexionaba Garzo en un artículo publicado en 2014[4].

[4] *Yorokobu*, 27 de octubre de 2014.

El empobrecimiento de la conversación bajo la tiranía de los clichés se resiente de los comodines y de las palabras baúl —el uso generalizado de los verbos «poner» y «tener», el recurso del sustantivo «cosa»—, aunque también abusamos de las muletillas anestesiantes que suscriben la idea de la desidia: «sabes cómo te digo», «qué te voy a decir», «en fin»...

Podría añadirse que un tópico no sería otra cosa que una verdad repetida muchas veces. Y esa misma definición ya es un tópico, de tal forma que los tópicos serían la expresión fosilizada de una expresión o de un argumento que tuvieron vigor y originalidad hasta que los perdieron de tanto manosearse. Lo explicaba el escritor Alberto Olmos en un artículo publicado en la revista literaria *Zenda*:

«La guerra contra el cliché de la que hablaba Martin Amis es, muy exactamente, la gran guerra de la literatura. Pero tengo una sorpresa para ustedes: es una guerra fratricida. Porque el desdén con el que a menudo tratamos a los clichés ignora una verdad fascinante: los clichés fueron un día literatura, y de la mejor especie.

Si pensamos detenidamente en una expresión como "ojos como platos", o en otra como "rojo como un tomate", nos daremos cuenta de que son símiles insuperables. Sencillos, ajustados, vivos. El cliché no es, por tanto, una locución barata y vacía, sino un tropo que el tiempo ha desecado. Ha muerto de éxito. Ya no es literatura porque ha perdido el gas del texto: la sorpresa.

Echo a menudo en cara a Roberto Bolaño utilizar en su relato *Sensini* el tópico «era pobre como una rata». Este autor tan cotizado abusaba como nadie de los lugares comunes en su prosa: «duerme como ángel», leí en otro texto suyo. Un buen escritor debe dejarse cortar una mano antes de escribir "pobre como una rata". Su batalla es transmitir esa pobreza colosal con otras palabras»[5].

No existen espacios de la vida cotidiana donde los tópicos consigan evitarse. Ni siquiera en los templos de la ejemplaridad, como deberían serlo las instituciones y la naturaleza de la política.

La política ha demolido a Antonio Machado de tanto citarlo en vano. Y ha consolidado un régimen de lugares comunes que los medios de comunicación han terminado adoptando como dogmas.

Hablamos de «altura de miras» cuando un discurso aspira al vuelo, o de la «fiesta de la democracia» cuando sobrevienen unas elecciones. Utilizamos con desparpajo el «granero de votos» y con menos reparos aún el estereotipo de la «mayoría silenciosa». Podrían encadenarse tantas tradiciones discursivas —frases hechas vacías de tanto emplearse— como en un ataque de verborrea de Boskov. Y convertirlos en el fundamento de cualquier discurso:

—Poner en valor.

—Caladero.

—Empoderar

—En este país.

—Interés general.

—Perfil técnico.

—De ustedes, lecciones ninguna.

—No vale todo en política.

—El Gobierno de la gente.

—*Realpolitik.*

—Más pronto que tarde.

—Política en mayúsculas.

---

[5] 27 de febrero de 2018.

—Resiliencia.
—Líneas rojas.
—Consenso.
—Mayoría de progreso.
—Las reglas que nos hemos dado.
—Hoja de ruta.
—Han hablado las urnas.
—Poner en negro sobre blanco.
—La gente.
—Mejorar la vida de los ciudadanos.
—Tender puentes.
—Como no podría ser de otra manera.
—Ha llegado para quedarse.
—Hacer pedagogía.
—El mandato de las urnas.
—El reloj de la democracia.
—No dejar a nadie atrás.
—Escucha proactiva.
—Cordón sanitario.
—Sentido de Estado.
—Momento histórico.
—Consultar a las bases.
—Tolerancia cero.
—Luces largas.
—Cintura política.
—En aras de la convivencia.
—Desde el minuto uno.
—Le agradezco que me haga esta pregunta.
—Mimbres políticos.

Bastaría hilvanar unas expresiones y otras para construir un discurso de investidura o una moción de censura. Y homologarlo como la solución flexible de cualquier coyuntura, en cualquier momento. Un ejemplo:

> Han hablado las urnas. Y vamos a constituir una mayoría de progreso con altura de miras y luces largas en aras de la convivencia. En un momento histórico como este en el que nos encontramos, se nos pide cintura política y sentido de Estado, pero también un cordón sanitario con los extremismos. ¡No todo vale en política! Ha arrancado el reloj de la democracia y haremos una escucha proactiva de los ciudadanos. No vamos a dejar nadie atrás. Y, como no podría ser de otra manera, tenderemos los puentes y mejoraremos la vida de quienes nos han votado y de quienes no nos han votado. Hemos venido para quedarnos. Pondremos negro sobre blanco una política en mayúsculas. Haremos toda la pedagogía política que sea necesaria para demostrar que somos el Gobierno de la gente. Nuestra hoja de ruta aspira a empoderar al ciudadano y respetar las reglas que nos hemos dado. Creemos en el consenso y en la resiliencia, pero no vamos a ceder a la *Realpolitik* de la oposición. De ustedes, lecciones ninguna.

Tiene cierto sentido que la «ciudadanía» recurra a las tradiciones discursivas en el contexto de la pereza y de la desidia, pero no tanto que la clase política que la representa haya depauperado el debate hasta despojarlo de todo interés en términos de elocuencia, de oratoria, de audacia dialéctica. Y no puede decirse que se trate de una novedad…

«El tópico político es atroz y dañino como pocos —escribía José María de Areilza en 1944—. Sirve de cliché mental a una gran masa de ciudadanos de la propia clase dirigente. Prende y contagia a las gentes más insospechadas por su independencia de criterio. El tópico no perdona. Es la fórmula acuñada sin saberse cómo ni por quién, acaso en un momento de flojera imaginativa, quizá como respuesta improvisada a un dialéctico hábil. Generalmente —como todos los tópicos— es fácilmente asimilado por el entendimiento, aunque su contextura no resista al análisis. El tópico no es, por lo común, patrimonio de esta o de la otra fracción política. Es ubicuo y se lo encuentra agazapado en diversos y aun contrapuestos sectores. Tal discusión enconada llega a veces al calderón de la coincidencia sobre un hermoso acorde que encierra el más huero de los tópicos».

Como quiera que la política delimita un espacio de representación de la sociedad, su propio deterioro afecta al deterioro general. Y sensibiliza la tolerancia a los tópicos en todos los ámbitos de la vida cotidiana.

Decimos que ya no hay películas como las de antes sin haber visto las nuevas, idealizamos el pasado a expensas del porvenir —«ya no hay valores, ni principios», «se confunde la libertad con el libertinaje»— y caricaturizamos cualquier experiencia sin hacer escrutinio del cliché con que pretendemos argumentarlas.

Que si segundas partes nunca fueron buenas, o que si el libro es mejor que la película, que más vale prevenir que curar, que no es oro todo lo que reluce, que si año nuevo vida nueva, que si el hábito no hace al monje, que si a grandes males, grandes remedios…

El refrán no prospera más de la obviedad (más vale pájaro en mano que ciento volando), mientras que el tópico se resigna a un ejercicio de pereza mental que aniquila la conversación y maltrata el pensamiento crítico, como si habláramos por simple inercia y como si subestimáramos el interés del silencio.

No está demostrado que se coma bien en los restaurantes de carretera donde hay camiones aparcados, no está claro que el pescado deba acompañarse con vino blanco, no ha podido demostrarse que el perro sea el mejor amigo del hombre ni tiene sentido seguir diciendo que las elecciones sean la fiesta de la democracia.

«El tópico es la invasión de lo mostrenco en sustitución de lo propio, singular y auténtico —leía en un artículo sin firma publicado en *La actualidad* de Murcia[6]—. Cuando no deseamos, y eso es lo común y corriente, ver con claridad el perfil de algo conflictivo que nos atañe, ventilamos la cuestión acudiendo al tópico pertinente, y a partir de ese momento quedan bloqueadas y en suspenso nuestras facultades para pensar, sentir, o, simplemente, ver.

El tópico nos invita a la molicie. Parece una expresión singular de la ley del mínimo esfuerzo aplicada a la inteligencia. Tan insidiosa es su presencia que desprenderse de esa roña, de esa costra, es uno de los mayores y más meritorios esfuerzos que ha de realizar, sin ninguna garantía de éxito, cualquier creador que se precie; que aspire a dar salida a su propia voz. La alternativa a la voz depurada de tópicos, ajustada a la propia perspectiva, a la propia verdad, es, en cualquier dominio artístico, el *kitsch*. El *kitsch* es la floración del tópico elevada a la categoría máxima. El *kitsch* es la plena complacencia en las identidades universalmente consagradas de lo inauténtico».

No está claro quién fue la primera persona a quien se le ocurrió decir que la cara de mengano «era un poema». Seguro que lo hizo sin mala intención, ajeno a las consecuencias letales de una expresión de esta índole. Un poema, de acuerdo. Pero ¿un poema de quién? ¿Un poema lírico, heroico? ¿Un poema épico, erótico? Y no es un ejemplo arbitrario, sino premeditado que alude precisamente a la distancia que existe entre el dicho y su eficacia

[6] 29 de enero de 2006.

descriptiva. Mi cara puede ser un poema independientemente de que me sienta contento, desdichado, afligido o eufórico. Tener la cara como un poema no quiere decir absolutamente nada, pero la expresión ha adquirido una fortuna extraordinaria a expensas de su verdadera capacidad semántica.

Podrían citarse centenares de pruebas similares a propósito de la abdicación que hacemos con el lenguaje cuando fingimos una conversación. Un fingimiento inconsciente y elocuente a la vez. Y descriptivo de una desidia y de una pereza que pueden considerarse admisibles exclusivamente cuando se trata de resolver un trámite conversacional en el rellano de una comunidad de vecinos, en el despacho de frutas de un mercado o en la consulta del dentista. Pues eso, qué le vamos a hacer, es lo que toca... ya te digo.

V
Una (pequeña) lección de la historia

Resulta extraordinariamente especulativo establecer cuándo se produjo la primera conversación entre los humanos. Y en qué momento los sonidos onomatopéyicos que acompañaban nuestros gestos adquirieron una cierta autonomía expresiva, hasta el punto de valerse por sí mismos.

Por eso se antoja tan impreciso proponer desde la ciencia unas referencias espaciotemporales. Y por la misma razón un estudio concebido por las universidades de California (Estados Unidos) y de St. Andrews (Reino Unido) se concedió un margen de error de 700.000 años. Es decir, el periodo que transcurrió entre hace 2,5 millones y 1,8 millones de años. Puede conjeturarse que sucedió en África, la cuna de la Humanidad. Y puede sospecharse que la «charla» se limitó a cuestiones prosaicas.

«Aquel primer coloquio o diálogo habría tratado sobre la fabricación de herramientas de caza en el este de África, se extendería por todo el continente durante los siguientes 700.000 años y favoreció la lengua y la enseñanza, convirtiéndose en un auténtico mecanismo evolutivo.

Los científicos han descubierto pruebas concluyentes de esta asociación entre herramientas de caza durante la Edad de Piedra y la capacidad humana para comunicar y para enseñar a los otros. El estudio sugiere, además, que esta rudimentaria charla pudo ser más compleja de lo que se pensaba: "Nuestros datos muestran que este proceso estaba en marcha hace 2,5 millones de años, lo que nos permite considerar una evolución muy dilatada y gradual de la capacidad humana para el lenguaje moderno y sugiere que simples protolenguas podrían ser más antiguas de lo que previamente se pensaba", explicaba Thomas Morgan, al frente del estudio.

La talla de piedra Oldowan fue practicada por algunos de nuestros primeros antepasados, como el *Homo habilis* y el aún más antiguo *Australopithecus garhi*. Probando cinco maneras diferentes de transmitir las habilidades de talla de piedra Oldowan a más de 180 estudiantes universitarios, los investigadores descubrieron que la demostración que utilizó la comunicación hablada llevó a la producción del mayor volumen y calidad de escamas en el menor tiempo y con el menor desperdicio posibles»[1].

No es necesario aclarar —aunque lo hagamos— que no había rastro de nuestros congéneres —el *Sapiens sapiens*— sobre la faz de la Tierra, ni es del todo urgente matizar que las primeras conversaciones se produjeron en el terreno de las cuestiones prácticas, miles y miles de años antes de que surgiera la mayor contribución de la cultura griega a la humanidad. No tanto la escultura, ni la arquitectura, en la plenitud con que nos han sobrevivido, sino la filosofía compleja y en la aparición del diálogo, de la dialéctica.

Por esa razón reviste tanta importancia la figura nuclear de Sócrates (470 a. C.-399 a. C.). Y toda la sabiduría

---

[1] Revista *Muy interesante*, 14 de enero de 2015.

que fue capaz de trasladarnos Platón como transcriptor y amanuense de las enseñanzas que recibió él mismo.

Sócrates utilizaba la retórica y la dialéctica para comparar su propio punto de vista con el de los demás, sin prejuicios y sin deseo de prevalecer de cualquier manera. La principal herramienta utilizada consistía en el diálogo, tanto con los alumnos como con la gente que se encontraba en la calle. Identificaba así la definición de un objeto, concreto o abstracto, a través de una estrecha comparación de opiniones. Y se valía de dos procedimientos complementarios totalmente revolucionarios: la ironía y la mayéutica.

Mediante la ironía, el filósofo fingía ignorar los asuntos que se trataban y planteaba ardides de forma astuta, hasta llevar poco a poco a su interlocutor a dudar de sus propias ideas y demostrar de esta manera que él tampoco tenía un conocimiento completo del debate abordado. Podríamos convenir que el origen de todo diálogo requiere la admisión de la ignorancia, sobre todo cuando la materia en discusión es compleja o sofisticada.

Mediante la mayéutica, Sócrates nos trasladaba la concepción del diálogo como una manera de dar a luz, como un parto —de ahí proviene la etimología[2]—, más o menos como si la verdad (sin dogmatismo) tuviera que lograrse con el esfuerzo de plantear las preguntas adecuadas.

Los signos de interrogación funcionarían como los fórceps. Nos valemos de ellos para llegar a conclusiones correctas desde las cuestiones correctas. El arte de interrogar alojaría la clave de un diálogo enjundioso.

---

[2] *Maietikos* es en griego antiguo el ayudante del parto, la comadrona.

Se entiende así mejor el proceso ambivalente que conlleva el método socrático. El vector «destructivo» aprovecha el método de la ironía para retratar la ignorancia del interlocutor, despojarlo de la expectativa previa del conocimiento. El vector «constructivo» (la mayéutica) le propone la herramienta para adquirirlo a través de las cuestiones pertinentes.

Definido académicamente, «la mayéutica socrática consiste en saber interrogar y a cada respuesta contraponerle una nueva pregunta que de ser posible debe de ser tan fría y cruel que se pierda cualquier sentimiento, intentar con preguntas e interponer otras a las respuestas dadas hasta encontrar una respuesta verdadera que haya superado e integrado la verdad parcial de todas las anteriores»[3]. El diálogo no puede considerarse una patente exclusiva de la cultura occidental, menos aún sopesando las referencias literarias y filosóficas del Mahabhárata (III siglo a. C.). El texto épico y fundacional de la cultura hindú demuestra que el método dialéctico había prosperado en otras latitudes sin contacto directo con Grecia, aunque las aclaraciones al respecto no contradicen el influjo de Platón en la propia Humanidad.

Y no solo por habernos transmitido los saberes del maestro Sócrates, sino porque él mismo convirtió el diálogo en un género literario. Supo inspirarse el filósofo ateniense en los mimos[4] que cultivaron los poetas sicilianos, pero los dotó de una envergadura y de una modernidad deslumbrantes.

---

[3] *Diccionario Akal de filosofía* (2004).

[4] Un género imitativo que consistía en la representación teatral, cantada o hablada, de realidades de la vida cotidiana de carácter popular.

Lo explicaba el filósofo Manuel Cruz en un artículo publicado en *La Vanguardia*:

«En sus diálogos, el autor lleva a cabo una reconstrucción detallada y fecunda de esa contraposición de perspectivas que constituye cualquier debate. Lo hace sin trampas, con el rigor y la veracidad del ajedrecista que libra una partida consigo mismo. Siguiendo unas reglas del juego que todavía seguimos utilizando para reflejar la vida del pensamiento, la lógica del pensamiento en acción (...). Para Platón el diálogo constituye la herramienta más adecuada para hacer avanzar el conocimiento. Resulta de utilidad recordarlo en estos tiempos, en los que con tanta frecuencia se confunde diálogo con negociación o, peor todavía, con transacción. Pero la diferencia es clara. En estas últimas de lo que se trata es de mirar de compatibilizar intereses contrapuestos obteniendo el mayor beneficio posible o, si no hay otra, el menor perjuicio. En el diálogo, en cambio, lo que se encuentra en juego no son los intereses particulares, sino las ideas, las opiniones de cada cual, de manera que un diálogo provechoso no es el que nos permite continuar sosteniendo aquello de lo que veníamos previamente convencidos, sino, por el contrario, justo aquel otro que nos enriquece con lo mejor de nuestro interlocutor. O, en el extremo, aquel que nos hace ver que estábamos profundamente equivocados y nos saca, gracias a las ideas de la persona con la que dialogamos, de nuestro error. Dialogar, entonces, es correr el riesgo de cambiar de opinión. En cierto modo, bien podríamos afirmar que constituye la aventura intelectual por excelencia»[5].

---

[5] 16 de septiembre de 2016.

No hubiera prosperado nuestra civilización sin la herramienta de la conversación ni el arma del diálogo, más o menos como si el cuestionamiento de las cosas —y de los dogmas— hubiera estimulado un proceso de conocimiento vertical que nos ha procurado el latido de la cultura. Saber que no sabemos nada —la ignorancia fundacional de Sócrates— implica acercarse a la realidad con tanta modestia como ambición. No ha existido mejor camino de progreso que contrastar las ideas, someter a la opinión de los otros nuestros principios y valores, asumiendo que son más frágiles que inmutables, aunque una reunión de personas cualificadas no siempre conlleva un propósito constructivo ni una finalidad filantrópica.

Acaso la «peor conversación» de la Historia, la más nauseabunda, se produjo entre las paredes del palacio de Wannsee, en las afueras de Berlín.

Ejerció de anfitrión Reinhard Heydrich con los galones de Protector de Bohemia y director de la Oficina Central de Seguridad del Reich. Y acudieron a la conferencia —20 de enero de 1942— otros trece grandes prebostes de las SS y del aparato nazi para organizar los pormenores de la Solución final y el correspondiente exterminio organizado de los judíos.

Ya se los había ejecutado sistemática y masivamente antes de la siniestra cumbre de Wannsee, pero fue en aquel palacio y en aquella jornada cuando se pudieron contrastar los respectivos ámbitos de sabiduría y conocimiento, tanto para resolver las cuestiones logísticas —la red ferroviaria, los convoyes, la planificación territorial— como los pormenores científicos. Qué gas era el más apropiado. Cómo podían funcionar mejor los crematorios.

Hubo otras disquisiciones conceptuales sobre la definición homologable de un judío —el linaje, el grado materno, los mestizos—, aunque impresiona aún más que los recelos a un proyecto tan aberrante provinieran de los inconvenientes tácticos, precisamente porque la aplicación de la Solución final tal como la había ideado Hitler y expuesto Heydrich deterioraba los desplazamientos y operatividad del ejército germano, tanto en la fase de expansión como en la de repliegue. No hicieron falta más que 90 minutos para llegar al consenso. Brindaron los allí presentes con unas copas de coñac. Y se comportaron como si hubieran abordado un debate de ingeniería industrial. Que si el tamaño y material de los hornos. Que si el peligro de la temperatura. Que si el personal necesario. Que si jerarquía de las ejecuciones, empezando por los viejos, los tullidos y los niños pequeños.

La mayoría de los catorce asistentes —comenzando por el anfitrión, víctima de un atentado mortal en Praga el 27 de mayo de 1942— falleció en los meses sucesivos, pero sobrevivieron bastantes años tanto el subsecretario de Estado Georg Leibbrandt (1982) como Adolf Eichmann, condenado a muerte en Israel (1962) después de haber sido capturado en Argentina y artífice de unas anotaciones estremecedoras sobre la conferencia. El oficial de la Gestapo enfatiza el sesgo constructivo de la reunión, la extraordinaria cortesía con que se aportó el respectivo conocimiento. Un coloquio educado e informal cuyos integrantes fueron capaces de enriquecer una «atmósfera de cooperación».

Tiene sentido aludir a Wannsee como el extremo antagonista de los foros y sanedrines donde ha prosperado el diálogo y el contraste de pareceres. Lo define muy bien el término *brainstorming*. La metáfora meteorológica alude a la tormenta o a la lluvia de ideas. Y a la estimulación neuronal que se desprende del contacto de unos sujetos con otros en una reunión constructiva. Se ha practicado a lo largo de la historia sin necesidad de recurrir a una etiqueta clasificatoria, pero la patente como tal (*brainstorming*) merece atribuírsele al publicista estadounidense Alex Faickney Osborn (1888-1966). Y no solo la acuñó en 1939, sino que predispuso una metodología que ha sobrevivido a nuestros tiempos y que muchas empresas han convertido en instrumento de desarrollo y planificación. Faickney sostenía que un grupo no estructurado generaba más y mejores ideas de cuanto los individuos podían producir trabajando de forma independiente.

Partiendo de cuatro principios que predisponen el resultado idóneo:

— *Suspender el juicio.* Eliminar toda crítica. Cuando brotan las ideas no se permite ningún comentario crítico. Se anotan todas las ideas. La evaluación se reserva para después. Se tiene que posponer el juicio adverso de las ideas. Hemos estado tan entrenados a ser instantáneamente analíticos, prácticos y convergentes en nuestro pensamiento que esta regla resulta difícil de seguir, pero es crucial. Crear y juzgar al mismo tiempo es como echar agua caliente y fría en el mismo cubo.

— *Pensar libremente.* Es muy importante la libertad de emisión. Las ideas locas están bien. Las ideas imposibles o inimaginables están bien. De hecho, en cada sesión tendría que haber alguna idea suficientemente disparatada que provocara risa a todo el grupo. Hace falta recordar que las ideas prácticas a menudo nacen de otras impracticables o imposibles. Permitiéndote pensar fuera de los límites de lo habitual, de lo normal, pueden surgir soluciones nuevas y geniales. Algunas ideas salvajes se transforman en prácticas. Cuanto más enérgica sea la idea, mejores pueden ser los resultados; es más fácil perfeccionar una idea que emitir una nueva.

— *La cantidad es importante*. Hace falta concentrarse en generar un gran número de ideas que posteriormente se puedan revisar. Cuanto mayor sea el número de ideas, más fácil es escoger entre ellas. Hay dos razones para desear una gran cantidad de ideas. Primero, parece que las ideas obvias, habituales, gastadas, impracticables vienen primero a la mente, de forma que es probable que las primeras 20 o 25 ideas no sean frescas ni creativas. Segundo, cuanto más larga sea la lista, más habrá que escoger, adaptar o combinar. En algunas sesiones, se fija el objetivo de conseguir un número determinado de ideas, del orden de 50 o 100, antes de acabar la reunión.

— *El efecto multiplicador*. Se busca la combinación de ideas y sus mejoras. Además de contribuir con las propias ideas, los participantes pueden sugerir mejoras de las ideas de los demás o conseguir una idea mejor a partir de otras dos. ¿Qué tiene de bueno la idea que han dicho? ¿Qué se puede hacer para mejorarla o para hacerla menos salvaje? Utiliza las ideas de los demás como estímulo para tu mejora o variación. A veces, cambiar solo un aspecto de una solución impracticable la puede convertir en una gran solución[6].

---

[6] Michael Diehl y Wolfgang Stroebe, «Productivity Loss in Idea-Generating Groups: Tracking Down the Blocking Effect». *Journal of Personality and Social Psychology*, 1991.

No está exenta de contraindicaciones ni de peligros la fórmula del *brainstorming*. Casi todos ellas las menciona preventivamente el publicista Christian Leis:

— No definir de forma clara los objetivos de la sesión.
— Perder el foco del objetivo principal. El maestro de ceremonias debe reconducir la sesión en cuanto prosperan las distracciones.
— Escoger al moderador de la sesión. Si este no dirige bien, la sesión no saldrá bien.
— Elegir integrantes especializados en la materia a tratar. Esto solo generará perspectivas ya creadas.
— Un grupo muy grande de participantes fomenta que muchos usuarios no hablen y se pierdan opiniones valiosas.
— Evitar que las primeras ideas se adopten como las mejores. La jerarquía no la determina el orden de aparición, sino la relevancia de las ideas[7].

No son los únicos inconvenientes que reviste la tormenta. Podría discutirse su oportunidad y su conveniencia desde la enmienda a la totalidad que le oponen distintos expertos. Sostienen estos que las ideas prosperan mejor cuando provienen de la esfera individual. Y que no puede probarse la eficacia de la lluvia neuronal, aunque las objeciones no contradicen la predisposición de los humanos a constituirse en espacios de conversación, tanto para las cuestiones religiosas, filosóficas y metafísicas —de los sanedrines a los cónclaves, pasando por las logias— como para las derivadas políticas —los parlamentos, los consejos

[7] Aula CM, Escuela de Comunicación y Márketing digital.

reales— y los espacios culturales en que se debaten ideas y se impulsan movimientos creativos.

Tiene sentido acordarse del cuadro de Gutiérrez Solana a propósito de *La tertulia del café de Pombo*, como lo tiene evocar los antecedentes de la antigua Grecia —la Escuela peripatética, la Academia platónica, la Estoa (pórtico) que congregaba a los estoicos...— y prestar atención a la influencia que ejercieron las *salonnières* en la Francia ilustrada, con el mérito que suponía desquitarse de tantos siglos de opacidad y de oprobio.

No estaban en el lado oscuro aquellas aristócratas de cuna meneada que prosperaron al abrigo del humanismo en el epicentro de París. Se refiere a ellas un interesante ensayo de María Pilar Queralt cuyo título, *Ilustradas*[8], habla por sí solo del espesor intelectual que contenían aquellas reuniones. «No fueron feministas en sentido estricto de la palabra. Tampoco cortesanas ni llevaron una vida licenciosa. Las "mujeres sabias" que retrató el genio de Molière en su comedia homónima o que satirizó en *Les précieuses ridicules*, fueron, simplemente damas, burguesas o aristócratas que decidieron abrir sus salones a la luz de la razón. Es decir, mujeres de fuerte personalidad e ideas claras que relegaron a un segundo plano la armonía de la música o el ritmo del baile y utilizaron sus elegantes estancias para el fomento del arte y de la discusión intelectual o política. Con ello, consiguieron acceder a una cultura que estaba vetada a muchas de sus congéneres, pero también alentaron el ingenio de los intelectuales y artistas de su tiempo».

Agonizaba el Antiguo Régimen. Y resultaba evidente que la transformación de la sociedad en los raíles de las

---

[8] Editorial Almuzara, 2024.

nuevas revoluciones —la francesa, la estadounidense— también rescataba a las mujeres de la discriminación y de las posiciones gregarias. Las enciclopedias de entonces se limitaban a caricaturizarlas como «las hembras de los hombres», de tal manera que las *salonnières* se valieron de la clandestinidad intelectual para inculcar o germinar muchas de las ideas que terminarían consolidándose.

El mérito embrionario se lo podemos conceder a la marquesa de Rambouillet (1588-1665). Fue ella quien congregó a las «preciosas» que caricaturizaría Molière —«la pomposidad sin sentido»— y quien sentaría los fundamentos de los conciliábulos donde se exponía la promiscuidad cultural de los asistentes. Catherine de Vivonne —he aquí su nombre— era una mujer cosmopolita y políglota que andaba muy mal de salud y muy bien de relaciones sociales, hasta el extremo de convertir su palacete del Marais en una cámara de poder que tanto frecuentaban el cardenal Richelieu, el dramaturgo Pierre Corneille o el poeta Georges de Scudéry.

Tal como sostiene la ensayista y escritora Oliva Blanco, los salones de idiosincrasia femenina fueron espacios de libertad para la cultura y el pensamiento más allá de las doctrinas oficiales; espacios para el encuentro más allá de las diferencias estamentales, y espacios para la emancipación femenina más allá de las normas sociales vigentes.

El antecedente de Catherine de Vivonne predispuso toda suerte de epígonos en los años y siglos venideros. Y no solo en la realidad, sino en la ficción (a medias) que perdura en la crónica social de Marcel Proust cuando alude a los conciliábulos de la duquesa de Guermantes. Y cuánto se defraudaban las expectativas a medida que subían los galones de los invitados:

Pero donde sobre todo se hacía sentir la intelectualidad era desde el punto de vista negativo. Si el coeficiente necesario de inteligencia y de hechizo iba descendiendo a medida que se elevaba el rango de la persona que deseaba ser invitada a casa de la princesa de Guermantes, hasta acercarse al cero cuando se trataba de las principales testas coronadas, en cambio, cuando más se descendía por debajo de ese nivel regio, más subía el coeficiente[9].

Había un magma cultural, un espesor de ideas y de pensamiento que sobrepasaron las fronteras francesas. Lo demuestra el ejemplo de Clara Maffei en Milán, cuya buena reputación de anfitriona e implícito compromiso de aristócrata activista convirtieron su salón en el centro de gravedad del Risorgimento italiano. La alta sociedad lombarda se despegaba de la ocupación austriaca y conspiraba contra ella aglutinando a los artistas y pensadores que forjaron la retórica de la independencia. Empezando por Giuseppe Verdi, artífice de la banda sonora patriótica y sentimental que dio sentido al acrónimo de su apellido (Vittorio Emmanuele Re D'Italia).

Era conocido el espacio de conversación como «Il Salotto Maffei» por el apellido de la condesa. Que además de anfitriona era una novelista interesante y un baluarte contra la discriminación de las mujeres bajo un lema de emancipación inequívoco: «Pertenezco a mí misma».

Un ensayo escrito por Raffaello Barbiera a finales del siglo XIX describía con bastante precisión la energía del conciliábulo: «Entre 1848 y 1859, el de la condesa Maffei fue el primer salón literario y artístico verdaderamente italiano, centro de agitación patriótica e irradiación de ideas que,

---

[9] *En busca del tiempo perdido. El mundo de Guermantes.*

bajo la dirección de Cavour de Turín, fueron el origen de la Italia unida. Entre las grandes mujeres del Risorgimento, Clara Maffei tenía la tela de un moderno secretario de Estado. Era una anfitriona perfecta con un alma serena y un corazón sensible, capaz de combinar la inteligencia diplomática con el arte del entretenimiento: favorecía la conversación en nombre de las buenas maneras, el culto a la acogida, poniendo a todos siempre a gusto»[10].

Hubo réplicas en España, salones femeninos donde pudieron concebirse burbujas de sabiduría al margen de las inercias discriminatorias. La discusión pública subordinaba la influencia tradicional de los teólogos y de los moralistas, pero no dejaba de ser frustrante y curioso que el ámbito de repercusión tuviera que restringirse a los hogares, fueran estos, o no lo fueran, palacetes, residencias burguesas, villas de enjundia.

«Para hablar del prototipo de mujer ilustrada, no puede olvidarse la figura de la zaragozana Josefa Amar y Borbón, quien, aunque abrió un pequeño salón en la capital aragonesa, ocupó la mayor parte de su tiempo en colaborar con la Junta de Damas[11], a fin de lograr para sus congéneres el derecho a una educación similar a la que recibían los varones. Así, pues, Josefa sería sin duda el prototipo de mujer ilustrada: culta, reformista y dispuesta a conceder a sus congéneres un lugar en la sociedad civil»[12].

Nació Josefa Amar y Borbón mediado el siglo XVIII y coincidió en el tiempo y en la sensibilidad con María Josefa de la Soledad Alfonso-Pimentel y Téllez-Girón, duquesa

---

[10] Raffaello Barbiera, *Il salotto de la comtessa Clara Maffei*, 1896.

[11] La Junta de Damas de Honor y Mérito es una asociación filantrópica femenina fundada en 1787 por el rey Carlos III en Madrid.

[12] María Pilar Queralt, *Ilustradas*, editorial Almuzara, 2024.

de Benavente, duquesa consorte de Osuna, *salonnière* y mecenas de Francisco Goya —un magnífico retrato documenta la relación— así como protectora de otros artistas, escritores y científicos.

Sus tertulias bullían por la dignidad de los participantes, tanto españoles de gran personalidad —Moratín, Ramón de la Cruz— como extranjeros de gloria reconocida —Humboldt, Washington Irving— que contribuían al magma de cosmopolitismo e inquietudes ilustradas. Era el Palacio del Capricho el lugar donde acontecían las veladas, y no con las finalidades caritativas o benéficas que distinguían la mala conciencia aristocrática, sino desde los presupuestos ilustrados del progreso científico y la luz de la razón.

Lo demuestra la alegría que le significó recibir de París un fabuloso telescopio. Había cumplido 83 años la condesa y le quedaban unas horas de vida, pero las aprovechó escrutando las estrellas. O viendo su reflejo en el agua del lago y de los canales que vertebraban su residencia.

«Los salones madrileños no alcanzaron la fama y la trascendencia de los franceses y sus anfitrionas no acuñaron un modo de actuar como el de las *salonnières* parisinas, o las *bluestockings* inglesas que trascendieron sus fronteras, sin embargo los testimonios de los viajeros de la época, como Townsend, hablan de reuniones muy abiertas en el que el trato entre mujeres y hombres llegaba a ser familiar. En estas reuniones, mezcla de cultura y divertimento, se conversaba sobre temas muy variados, circulaban novedades literarias y, sobre todo, se sellaban alianzas, eran, en definitiva, espacios de aprendizaje social, escuelas de civilidad»[13].

---

[13] Mónica Bolufer, «La construcción de la identidad femenina: reformismo e ilustración», *Estudis: revista de historia moderna*, 1995, n.º 21, 1998.

No ha sido sencillo escurrir la presencia femenina en los hábitos de los varones ilustrados y menos ilustrados. Un ameno ensayo de Stephen Miller[14] sostiene que las tres grandes amenazas de una conversación han sido siempre la religión, el comercio y las mujeres. No se refiere a ellas despectivamente. Alude más bien al deterioro que identifica una buena charla en cuanto los tertulianos involucrados en ellas se precipitan a hablar de chicas, bien sea para presumir del respectivo macherío o bien sea para competir en la escalada de las consabidas bravuconadas.

Sucede lo mismo cuando aparecen la religión y el comercio. O más cuando uno y otro sujeto no se plantean como trasfondo de una conversación profunda, sino cuando se impone el fanatismo de una fe o cuando el dinero intoxica la posibilidad de una charla relevante. Presumimos de cuánto ganamos. O alardeamos de qué vamos a comprarnos. Y pervertimos la conversación en una clave materialista que aloja los síntomas de la codicia.

Ocurre con la religión cuando el honesto y necesario debate metafísico queda subordinado al dogmatismo de una creencia, o la superioridad de las propias convicciones, no ya cuando entran en juego las religiones convencionales o las cuestiones de fe, sino cuando intervienen muchas otras religiones paganas —el nacionalismo, el fútbol...— tan predispuestas al apasionamiento y a la negación de la opinión refractaria.

Sostiene Stephen Miller que la conversación es un arte en decadencia, así como hace un inventario de los episodios de gloria, enfatizando el periodo de lucidez que trajo

---

[14] *Conversation. A History of a Declining Art*, Yale University Press, 2006.

consigo la aparición de la Ilustración. No solo en el epicentro parisino que arroparon los enciclopedistas, sino en el espesor dialéctico londinense que cultivaron David Hume y Samuel Johnson, conscientes ambos de que una reunión de eruditos y académicos no garantizaba en absoluto la calidad de la charla. Se pierden en el egocentrismo y la pretensión de apabullar, entre otras razones porque sus hábitos «profesionales» como maestros y profesores universitarios los habitúan a la superioridad jerárquica respecto a los alumnos.

Nos gustan los buenos conversadores, sostenía Hume, por el placer que nos brindan, no por la información que nos ofrecen. Y añadía que la mejor virtud de una conversación consiste precisamente en la ausencia de un propósito o de un objetivo. La buena charla se desliza sin una meta. Y no es que la ausencia de un fin defraude el contenido. Al revés, funciona como factor estimulante. «Todo el mérito que un hombre puede obtener de su conversación (que, sin duda, puede ser muy considerable) surge únicamente del placer que transmite a quienes están presentes», sostenía Hume.

Quien dice un hombre dice una mujer. Por ejemplo, Virginia Woolf, artífice y madrina ella misma del círculo de amigos e intelectuales que se congregaron en la Casa del Monje (Monk's House) —en el sur de Inglaterra— con la etiqueta del Círculo de Bloomsbury. Produce cierto embarazo «allanar» el domicilio de la escritora porque parece una profanación. Con más razón cuando el último hogar de Virginia y Leonard, su esposo, se ha reconstruido como si hubieran salido a hacer la compra. Sugestiona la madera al crujir. Impresiona recorrer las penumbrosas habitaciones de la casa. Y abruma corromper el pudor del dormitorio, una cámara coqueta y alegre donde la sombra de la señora Woolf se alargaba. Desde la ventana, la perspectiva del jardín recrea la sensación de un espacio exótico que Leonard organizó con artes de demiurgo para aliviar la depresión de su esposa. E hizo construir un cobertizo que le permitía aislarse del propio aislamiento.

Allí escribió su última novela, *Entre actos* (1941). Allí concibió también el texto de su despedida a Leonard. «Todo me ha abandonado excepto la certeza de tu bondad. No puedo seguir arruinando tu vida». Leonard cultivó su recuerdo con el mismo esmero con que cultivaba las adelfas. Decidió quedarse en Monk's House hasta el año de su muerte (1969). Y dispuso que lo enterraran junto a ella, de tal forma que el muro de separación entre el jardín y la casa recrea una tumba conyugal, desprovista de alusiones religiosas, pero arraigada en el epitafio de la marea: «La muerte es el enemigo. Contra ti voy a arrojarme, invicto e inflexible ¡oh Muerte! Las olas rompían en la orilla».

Es un lugar secreto. Requiere paciencia encontrarlo, entre otras razones porque la visita a la Casa del Monje reúne a los virginianos más perseverantes. Los menos perseverantes satisfacen su culto y su curiosidad con la visita a Charleston House, una granja decimonónica ubicada a 15 kilómetros donde recalaron los urbanitas del grupo de Bloomsbury en busca del paraíso perdido. O evitando alistarse en el ejército.

Fue el caso del pintor Duncan Grant y de su amante, el escritor David Garnett, aunque esta relación homosexual en tiempos reaccionarios no contradijo que proliferaran otras posibilidades. El propio Duncan Grant era el compañero de Vanessa Woolf, la hermana pintora de Virginia, mientras que Garnett se convirtió en el marido de la tercera hija de la mencionada Vanessa, casada esta última, Vanessa insistimos, con el crítico de arte Clive Bell, una especie de cornudo voluntario y de nueve puntas sin objeciones a los enredos que proliferaban en el conciliábulo de Charleston House.

Allí, por ejemplo, puede visitarse la habitación del patriarca proteccionista John Maynard Keynes, que se incorporó al grupo y a sus desinhibiciones en sentido literal y liberal, de forma que sus amoríos con el propio Duncan Grant no le impedían apasionarse al mismo tiempo con la bailarina rusa Lydia Lopokova ni entretenerse con las lecturas del marxismo, tal como demuestran los hitos y los anaqueles de su hermosa biblioteca.

Se desprendería de esta endogamia y de esta combustión sensorial que Charleston House representa la casa del pecado, y que hubiera constituido en sí misma un delito polifacético, nauseabundo, de haber sido descubierta por los inquisidores posteduardianos, pero la percepción del visitante, sugestionado normalmente por la devoción al clan Woolf, antepone la celebración de la promiscuidad intelectual y artística —y política y social— a la prosaica definición que pudiera sobrentender la idea de los caballeros y señoras de la cama redonda en una orgía sin antifaces.

Porque es un territorio de excepción, un lugar suspendido, una comuna memorable que fluctuaba entre el hedonismo y la esquizofrenia. «A veces, el desastre y la belleza se rozan», escribe Virginia Woolf como si estuviera redactando un pliego de descargo a las fechorías.

Ni siquiera parece Charleston House una granja posvictoriana. Asemeja a un refugio mediterráneo recreado bajo la influencia pictórica y estética de Paul Cézanne. Incluso el jardín circundante, exótico contra natura, evoca la fragancia y hasta la luz de la Provenza, igual que las esculturas griegas erigidas como guardianas antimoralistas conforman la alegoría de la cultura ateniense y jalonan el murmullo del río donde se suicidó Virginia Woolf el 28 de marzo de 1941, llena de piedras y de lagrimones. Allí se retratan sus partidarios. O se orillan. Y extraen como un breviario un capítulo de *Las olas*, un salmo por el sufragio de un alma en pena que abrió en vertical la conciencia de la sociedad contemporánea. «Pero ¿cuál es la alegría, cuál el dolor? En vano me formulo esta pregunta. Solo sé que tengo necesidad de silencio, de soledad, de aire pleno, de una hora para examinar qué ha ocurrido a mi universo, qué daño ha causado la muerte a mi universo».

Fue el Grupo de Bloomsbury un ejemplo de promiscuidad dialéctica, pero la memoria de la conversación y su huella en la cultura occidental no puede concebirse sin la influencia del *quattrocento* y el *cinquecento* italianos. Tanto por el magma renacentista y humanista en el viaje de la oscuridad hacia la luz, como por el hábitat en el que prosperaron Giovanni della Casa («El galateo») y Baldassarre Castiglione, cuyo libro *El cortesano* reivindica la conversación como una manera de ser y de estar en el mundo.

La obra tuvo una influencia extraordinaria en la cultura española. Y no solo por la cualificación narrativa o por la originalidad de su planteamiento —cuatro libros en uno con las peripecias y manual de comportamiento de un cortesano— sino por el hilo conductor de los diálogos y las conversaciones.

La propia coralidad de la obra redunda en la importancia de los puntos de vista, en la pluralidad de las opiniones, aunque también define la idiosincrasia del buen conversador como un hombre —o una mujer— dotado de un conocimiento versátil, provisto del don de la amenidad y capacitado para desenvolverse con ingenio en las tertulias en que comparece.

«El diálogo es, por tanto, el molde literario elegido para verter un contenido declaradamente "pedagógico", de forma que Castiglione, en lugar de acaparar la palabra —al modo de un tratado teórico— introduce en el discurso distintas voces a través de las que filtra, como en una composición teatral, su pensamiento. Y sin embargo, aquellos cortesanos reunidos en casa de los duques de Urbino matizan, ponderan e incluso contradicen los argumentos expuestos por el personaje que, en cada uno de los cuatro libros, recibe el encargo de mostrar con palabras —y de elaborar, por tanto, el eje principal de la exposición— qué cosa sea el perfecto cortesano, la perfecta dama de palacio, el perfecto príncipe o el amor»[15].

La sensibilidad del Renacimiento al diálogo, a la dialéctica, alcanza a expresarse en un cuadro de Piero della Francesca —y en un género pictórico— donde aparecen la Virgen María y el Niño rodeados por santos y eminencias eclesiásticas, cono si estuvieran unos y otros en actitud de parlamentar. La obra se titula, efectivamente, *La sacra conversazione* (La sagrada conversación), aunque los presentes no aparecen hablando, sino intervenidos por un estado de gloria que los ilumina y serena.

Muchos otros pintores —italianos, flamencos, españoles— adoptaron la temática sublime de «la sacra conversazione», hasta el extremo de trascender la propia religiosidad de la obra y reivindicar la importancia de la tertulia constructiva, más o menos como si pretendiera abando-

---

[15] Eduardo Torres Corominas, «*El Cortesano* de Castiglione: Modelo antropológico y contexto de recepción en la corte de Carlos V», en José Martínez Millán y Manuel Rivero Rodríguez (coords.), *Centros de poder italianos en la Monarquía Hispánica (siglos* XV-XVIII*)*, Madrid, Polifemo, 2010.

narse la verticalidad jerárquica y el dogmatismo del final de la Edad Media.

La corte de la familia Medici alojó en sí misma la idea extraordinaria de la «conversación civil». Puede resultarnos sorprendente que fueran excepcionales los espacios de intercambios de ideas —y de inquietudes—, pero la oscuridad de los siglos anteriores los restringía al predominio escolástico y al dogmatismo, y rara vez, en cambio, a los ambientes plurales o a la promiscuidad intelectual que significó el cambio de época.

La Humanidad y el humanismo prosperaron en torno a la palabra y en torno a la conversación, especialmente como fruto del intercambio de sensibilidades y de representaciones gremiales —filósofos, músicos, pintores, escritores…— aunque la unidad del saber no contradice que siglos más tarde hubiera tertulias especializadas. La literaria es un buen ejemplo en sus connotaciones «sectoriales», más todavía considerando la propensión de los escritores a reunirse en tabernas de horario flexible. Los cafés suplantaron el régimen de las *salonnières*, tanto para reunir en Montmartre a los artistas bohemios del impresionismo parisino como para alojar en Madrid —es un ejemplo— a los artífices de la Generación del 27. Todavía no se había catalogado como tal al grupo de escritores cuando sus miembros empezaron a frecuentarse en el madrileño Café de Correos. Y no hacían otra cosa que reproducir la costumbre que habían iniciado los colegas de épocas anteriores. Las describe con ingenio Benito Pérez Galdós en un pasaje de *Fortunata y Jacinta*, deslumbrado, como estaba, con la vitalidad de la capital en el miasma de los ambientes culturales:

> De ocho a diez estaba el café completamente lleno, y los alientos, el vapor y el humo hacían un potaje atmosféri-

> co que indigestaba los pulmones (...). Poco después empezaba a clarear la concurrencia; algunos se iban, y las peñas de estudiantes se disolvían (...). A las doce vuelve a animarse el local con la gente que regresa del teatro y que tiene costumbre de tomar chocolate o de cenar antes de irse a la cama. Después de la una solo quedan los enviciados con la conversación, los adheridos al diván o a las sillas por una especie de solidificación calcárea, las verdaderas ostras del café[16].

Enviciados de la conversación lo fueron los clientes del Café del Prado —de Gustavo Bécquer a Buñuel—, como les sucedió a los intelectuales que se «alojaron» en el Café Lyon a mediados del siglo XX (Sánchez Ferlosio, Alfonso Sastre, Ignacio Aldecoa...), aunque la mejor reputación bohemia corresponde acaso a las tertulias del Café Gijón. Ya se ocupó Francisco Umbral de dedicarle una novela prologada por Raúl del Pozo —quién si no— cuya línea medular redundaba en la misma fascinación galdosiana.

«La primera noche que entré en el Café Gijón puede que fuese una noche de sábado. Había humo, tertulias, un nudo de gente en pie, entre la barra y las mesas, que no podía moverse en ninguna dirección, y algunas caras vagamente conocidas, famosas, populares, a las que en aquel momento no supe poner nombre. Podían ser viejas actrices, podían ser prestigiosos homosexuales, podían ser cualquier cosa»[17].

---

[16] *Fortunata y Jacinta*, 1887.

[17] *La noche que llegué al Café Gijón*, Austral, 2012.

VI
Elogio del silencio (cuando callar es mejor que hablar)

«¿Por qué no te callas?». Tiene sentido evocar aquí y ahora la reacción que emprendió Juan Carlos I para reducir la verborrea del presidente Chávez en aquella cumbre latinoamericana que Chile acogió en el año 2007.

Formaba parte el rey de la delegación española —Zapatero era el jefe del Gobierno— y quiso intervenir con las interrogaciones cuando el líder bolivariano tildó a Aznar de fascista y le reprochó incluso haber participado del golpe de Estado que pretendió derrocarlo cinco años antes.

El contexto predispuso el desencuentro. Y precipitó uno de los pasajes más populares de la ejecutoria del monarca, tanto en las connotaciones más serias como en las parodias y bromas que se sucedieron.

¿Por qué no te callas? ¿Por qué no nos callamos? Puede que no exista peor enemigo de la conversación que una mala conversación. Y puede que nunca hayan existido en la Humanidad mayores herramientas en «beneficio» de la verborrea y de la charlatanería. Empezando por el altavoz de las redes sociales. Y por las tentaciones del protagonismo y de la viralidad.

Hablamos por encima de nuestras posibilidades. Nos opinamos encima. Y recurrimos a Twitter, Instagram, TikTok o WhatsApp como mecanismos de protagonismo y de adulteración en las conversaciones.

El jaleo nos ensordece. Nos convertimos en tertulianos domésticos. Interpretamos que las redes deben someterse a una suerte de plataforma o de tribuna en continuo estado de exposición, como si los círculos más próximos y los más lejanos aguardaran nuestro punto de vista.

Tiene muy bien estudiado el fenómeno el periodista y ensayista estadounidense Dan Lyons en un estudio cuyo título convoca la iracundia de Juan Carlos I (*Cállate*) y cuyo subtítulo alude al poder de mantener la boca cerrada en un mundo de ruido incesante[1].

Sabe de lo que habla y de lo que calla Lyons porque él mismo es un *pentito* de la charlatanería. Y porque ha sabido diagnosticar la incontinencia verbal en una sociedad exhibicionista y narcisista.

Y no vamos a convertir en dogma la conclusión introductoria de su ensayo —«Las personas que hablan menos tienen más posibilidades de ascender en el trabajo y de imponerse en las negociaciones»—, pero sí vamos a tener en cuenta sus reflexiones prácticas y teóricas sobre la incontinencia verbal.

Quien habla mucho escucha poco, decía san Bruno. Por eso conviene disciplinarse con la idoneidad y observación de cinco mandamientos:

1. Cuando sea posible, no decir nada. Gastar las palabras con la misma sensatez con que gastamos el dinero.

---

[1] Capitán Swing, 2023.

2. Dominar el poder de las pausas. Y no como una estrategia dramatúrgica, sino para que escuchemos y nos escuchemos mejor. Los toreros antiguos se expresaban con sentencias. Pocas, selectas.
3. Abandonar las redes sociales. O evitar que nos dominen. Sus mecanismos adictivos son la pista de despegue de la verborrea. Tuitear es una forma de hablar como cualquier otra. Y de enmarañarse en conversaciones interminables en cuanto se congregan los yonquis.
4. Buscar el silencio. «El ruido nos enferma —escribe Dan Lyons—. Literalmente. La sobrecarga de información nos lleva a un estado de agitación y de sobreestimulación constante, lo que provoca problemas de salud e incluso puede acortar nuestros días. Desconectad. Distanciaos. Pasad tiempo sin vuestro móvil. No habléis, no leáis, no miréis. Dar un respiro al cerebro puede reactivar la creatividad y volvernos más sanos y productivos». Tanto es así que algunos estudios científicos indican que el silencio puede servir de estímulo a la regeneración de las células.
5. Aprender a escuchar. Quiere decirse que escuchar con interés no consiste en una actitud pasiva ni pasota. Consiste en un ejercicio de atención y de concentración.

Los cinco mandamientos parecen una incitación o una invitación a la vida monacal o a la sociopatía, pero disciplinarse para ejecutarlos con rigor tanto implica un control de las herramientas tecnológicas como supone relativizar la importancia de uno mismo y el valor de los discursos propios. No se trata de hablar por hablar, sino de tener algo que decir.

Es la perspectiva que requiere domesticar la predisposición a la adicción de las palabras. Exageramos un poco las cosas, vale. Pero la socióloga Veronica Richmond acuñó el anglicismo de *talkalcoholic* para definir la locuacidad compulsiva y el grado de narcisismo conversacional. «Hablar más de la cuenta» es una frase hecha que alude al problema de la incontinencia. Y que identifica a los charlatanes en el ámbito que más les gusta: estar rodeados de charlatanes, como ocurre en los gallineros.

La costumbre y el lenguaje nos proporcionan toda suerte de recursos para prevenirnos de los plastas, de los pesados, de los bocazas y de las cotorras. Evitamos a los tipos y a las tipas que nos «dan la brasa». Disponemos de onomatopeyas —«bla, bla, bla»— para delatar a los charlatanes.

Los hay que hablan de sí mismos. Los que parlotean nerviosa y compulsivamente para tranquilizarse. Hay sujetos que reflexionan en voz alta o nos cuentan en directo lo que están haciendo («bueno, me voy a servir una taza de café, voy a ponerle dos azucarillos»). Proliferan los personajes provistos de tanta locuacidad como ausencia de filtros, aunque los más peligrosos de la fauna son los adictos. De hecho, la dimensión patológica de la charlatanería sirve para diagnosticar los casos de ansiedad.

«Hablar por los codos», diríamos con la jerga en las manos. Y bien hubieran hecho en callarse los chivatos para prevenirse de las represalias. «Cantar, cantaba muy bien, pero no sabía volar», señala un aforismo siciliano en alusión a los soplones que terminaban dejándose caer en un precipicio.

Las cosas serían más sencillas si no fuera porque la tecnología y la variante de las redes sociales han dotado al individuo de un megáfono cuya resonancia suscita la necesidad de manifestarse, tantas veces llegándose a conclusiones precipitadas o desesperadas sobre la verdadera repercusión.

Pensamos que ha tenido impacto un mensaje que hemos escrito o un vídeo precario que hemos grabado. Y corremos el peligro de convertir las problemáticas domésticas en asuntos de gran trascendencia, como si fueran a pararnos por la calle después de haber expresado cualquier ocurrencia.

Es el contexto en que adquiere vuelo la adicción a nuestras aplicaciones. Y las similitudes de la industria tabacalera respecto a las compañías que lideran las redes sociales, desde la publicidad engañosa al recurso de los métodos adictivos y síndromes de abstinencia, o sea, los algoritmos y las interfaces que garantizan la dependencia. Termina imponiéndose una relación insana y compulsiva con el teléfono móvil, casi siempre persiguiendo el reconocimiento ajeno. Más que buscar, limosneamos para lograr la aceptación, el sentimiento de pertenencia, la popularidad. Parloteamos con robots como si los oyentes fueran humanos.

Se entiende así la vacuidad de las conversaciones mismas o la ausencia de conversaciones significativas. El sociólogo estadounidense Kalev Leeturi sostiene que las redes sociales nos han enseñado a hablar mucho y escuchar poco, de tal manera que unas y otras aplicaciones a nuestra disposición favorecen que salga el narcisista que llevamos dentro.

Lo tiene bien estudiado la profesora Lydia Dishman en un trabajo de campo[2] gracias al cual sabemos que la gente habla de sí misma un 60 % en conversaciones habituales y

---

[2] *Las razones científicas por las que hablamos tanto*, Fast Company, 2015.

un 80 % en las redes sociales. Y es verdad que estas últimas nos conectan, pero muchas veces lo hacen de una manera aparente, cuando no superficial o meramente virtual.

¿Remedios a la dependencia? Deberíamos ser capaces de someternos a disciplinas preventivas. El humorista Nimesh Patel recomendaba desinstalar la aplicación nociva cada vez que se utiliza, pero también resulta eficaz perder el móvil voluntariamente, concederse un reposo semanal, recurrir a un teléfono básico, suprimir los colores, aprovechar las redes sociales no para hablar, sino para escuchar, y profundizar en las razones por las que juzgamos necesario escribir un tuit o colocar una foto en Instagram.

«Gran parte de la creatividad procede de tener una relación auténtica con uno mismo —sostiene el tycoon indio Dhiraj Rajaram—. El problema es que nos hemos desconectado de nosotros. Nos enterramos bajo capas de falsedad que nos impone la sociedad. Estamos en Facebook, Instagram y LinkedIn intentando agradar a la gente». Explicado de otra manera: hablamos mucho y ni siquiera somos nosotros cuando lo hacemos.

Un buen ejemplo se localiza en el ámbito de las conversaciones que proliferan en las nuevas plataformas virtuales. Y no solo el Skype entre amigos, sino los espacios profesionales que han ido sustituyendo a las experiencias presenciales. Dan Lyons recomienda abordarlas desde posiciones preventivas. Y no por pasotismo, sino por receptividad.

¿Para qué sirve el comentario que voy a hacer? ¿Haré avanzar la conversación? ¿Estoy respondiendo a una pregunta? ¿Es importante lo que quiero decir? ¿Es el momento y lugar para sacar el asunto? ¿Estoy expresando una opinión o constatando un hecho? ¿He pensado bien lo que voy a decir? ¿Puedo exponerlo de forma concisa? ¿Me toca hablar a mí? ¿Soy yo la persona adecuada para explicar este punto de vista o debería animar a otro que lo haga? ¿Alguien ya ha dicho lo mismo? ¿Hablo porque me siento en la obligación de decir algo? ¿Intento impresionar a los demás? Si esta idea no se expresa, ¿cambiará algo?

El bosque de tantos signos de interrogación parece un campo de minas. Y un escenario hostil a medida de los tertulianos lenguaraces, pero también acordona la vacuidad de las intervenciones superfluas, innecesarias.

«En un mundo donde todos hacemos ruido —explica Lyons— la mejor forma de destacar es callarse. Construir una marca basada en la competencia discreta y los logros reales. Tener la suficiente seguridad y confianza en nuestras habilidades como para no correr en busca de atención en Twitter».

No es fácil desenvolverse en la hostilidad predominante, aunque hay sociedades prósperas donde la observancia y la observación del silencio supone un rasgo civilizador. Es el caso del «haragei» en Japón.

Literalmente se traduce como hablar con la barriga, pero la fórmula alude a la contención y a la economía de medios. Se trata de enfatizar las expresiones faciales, los gestos corporales. No para exteriorizar teatralmente lo que estamos diciendo, sino para servirnos del discreto lenguaje de nuestro físico como fórmula de comunicación.

Sucede algo parecido en Finlandia, cuyos índices de felicidad y de prosperidad cuesta disociarlos del laconismo. «El silencio es oro, hablar es plata», reza un aforismo local del que hizo total apología el célebre piloto Kimi Räikkönen. Era más fácil sacarlo de la pista que sacarlo de su silencio. Por esa razón solo se avendría a hacer un documental sobre su vida si fuera mudo. Exageraba las cosas Räikkönen, pero tiene sentido destacar el trasfondo sociológico de un chiste popular en estas gentes septentrionales. «¿Cómo sabes si le gustas a un finlandés? Cuando se queda mirando tus zapatos en lugar de los suyos». Nada que ver con la predisposición al jaleo de los españoles, aunque a unos y otros pueblos conviene seguir las pautas de los procesos amorosos si realmente queremos que prosperen.

No hay mejor garantía de malograrlos que atribuirse todo el peso de la conversación, abrumar al prójimo con la okupación de las primeras charlas. Sostiene el profesor estadounidense Michael Beatty (Universidad de Miami) que en cualquier cita con expectativas de segunda vez ninguno de los «convocados» debe hablar más del 60 % del tiempo ni menos del 40 %.

Correcto. No vamos a colocar un cronómetro en la mesa ni emular las estadísticas de tiempo de posesión de balón al uso en los partidos de *basket*, pero los porcentajes son indicativos del régimen de equilibrio con que debe administrarse la palabra y el silencio. Ni atropellar ni callarse.

«Conversar es como un juego —escribe Estrella Montolío en *Cosas que pasan cuando conversamos*[3]—. Para llevarlo a cabo se necesita cooperar y conectarse con el resto de jugadores. El arte de conversar implica —y esto es interesante— saber hablar, pero, sobre todo, saber escuchar. Y escuchar no consiste únicamente en permanecer en silencio mientras habla la otra persona. Es preciso atender a su intervención, a cómo se desarrolla el diálogo, para poder intervenir en el momento conveniente, tanto respecto al tema como al instante oportuno para tomar la palabra. Y

[3] Editorial Ariel, 2019.

no hay solo que prestar atención, sino que hay que demostrar que se está escuchando, bien sea emitiendo enunciados mínimos como "mmm", "sí, sí", "claro", o reacciones como "¡vaya!", "¿en serio?", "me lo imagino" o bien parafraseando sus propias palabras».

El procedimiento lo conocen a la perfección los terapeutas. Lo decía Woody Allen. Ir al psiquiatra consiste en acomodarse en un diván, hablar desordenadamente y escuchar del especialista el eco de la última frase que has dicho.

—Me dejó muy herido el abandono de mi mujer.

—Le dejó muy herido el abandono de su mujer.

Es delicado el asunto amoroso en las conversaciones más íntimas. No hablamos de los susurros ni de las ordinarieces que puedan musitarse en las relaciones sexuales intensas, sino en las situaciones más domésticas. Convienen templarse las palabras, hablar sin hablar. Y aceptar el silencio como un vehículo de comunicación, aunque nos resulte paradójico.

La primera recomendación que se le hace a un delincuente o a un presunto delincuente consiste en la prudencia de cerrar el pico. «Tiene derecho a guardar silencio» no es solo el preámbulo que formaliza la detención de un *killer* en una película americana, sino una revalorización explícita de los beneficios que conlleva saber callarse.

«No comment» es una de las claves o es uno de los recursos que un detenido debe observar en un interrogatorio policial. Y un consejo para prevenirse de las situaciones en que las palabras se pueden transformar en veneno contraproducente. Hay que evitar ponerse a hablar cuando estamos irascibles, impulsivos o furiosos. Urge disciplinarse cuando no estamos seguros del clima de receptividad o de hipersensibilidad en que se perciben nuestros mensajes. Un buen ejemplo lo expone Antonio Bulbena Vilarrasa entre las páginas de *Ansiedad*[4]. Y lo hace caracterizando el malentendido de una pareja:

—Mi amor, ¿quieres que vayamos al gimnasio?
—¿Mes estás llamando gordo?
—Bueno, si quieres no vamos.
—¿Me estás llamando vago?
—Cálmate, amor.
—¿Me estás llamando histérico?
—Eso no es lo que dije.
—¿Me estás llamando mentiroso?
—Nada, nada, no vengas entonces…
—A ver, ¿por qué quieres ir sola?

La susceptibilidad es una aliada pésima de las conversaciones. Resulta imprescindible eludirlas cuando corremos el peligro de desbarrar. O cuando hemos recurrido al lubricante social del alcohol. Consumirlo con prudencia colabora a la desinhibición, a la empatía social. Woody Allen decía o escribía que le gustaba beber para que los demás le parecieran interesantes, pero emborracharse deriva la concordia a los peligros incendiarios.

Hablamos del mal beber cuando prorrumpen los sujetos que encajan mal el alcohol y peor las convenciones sociales. Lo explica el profesor Rojas Marcos en el ensayo *Somos lo que hablamos*[5]: «Y es que el alcohol no solo colorea nuestro lenguaje, sino que puede obnubilar nuestra capacidad de introspección, desconectar nuestras aptitudes ejecutivas y silenciar el lenguaje privado razonable

---

[4] Tibidabo Ediciones, 2016.
[5] Debolsillo, 2019.

que, en condiciones normales, nos ayuda a controlar los impulsos y considerar las posibles consecuencias de lo que decimos (…). El consumo en exceso saca al bebedor de sus cabales, pues apaga las neuronas encargadas de expresar lo que deseamos, pensamos, sentimos y hacemos, y el resultado puede ser fatal (…). Aunque no falta quienes opinan que bajo la influencia del vino decimos la verdad, yo me inclino a pensar que los efectos del alcohol nos hacen desbarrar más que decir verdades, es decir, que no demos ni con la clave ni en el clavo».

Tiene sentido evocar el pasaje de *La venganza de don Mendo* que sitúa al protagonista de la obra de Muñoz Seca en el umbral de la vergüenza por haber jugado a "las siete y media" bajo los efectos del vino:

> ¡Serena
> escúchame, Magdalena,
> porque no fui yo… no fui!
> Fue el maldito Cariñena
> que se apoderó de mí.
> Entre un vaso y otro vaso
> el Barón las cartas dio;
> yo vi un cinco y dije «paso»,
> el Marqués creyó otro el caso,
> pidió carta… y se pasó.

Serena, dice don Mendo, en alusión a la serenidad; pero llama la atención que el Código Penal español todavía considere el alcohol como un atenuante. Y no cuando estamos al volante, pero sí cuando hemos cometido abusos sexuales o hasta un delito de sangre. Fue el alcohol el argumento exculpatorio al que recurrió el futbolista Dani Alves para prevenirse de una sentencia ejemplar en el juicio por violación celebrado en febrero de 2024.

Se ha intentado cambiar la legislación en diferentes ocasiones para acabar con la impunidad parcial o total del alcoholímetro. Y no ha terminado de consensuarse la iniciativa en nombre de un absurdo garantismo respecto al grado de conciencia con que actúa el ciudadano, aunque la decisión de beber es ya en sí misma un ejercicio de responsabilidad cuyas consecuencias lúdicas o letales ya dependen de nosotros mismos.

¿Atenuante? ¿Agravante? Lo que sí sabemos es que el alcohol es un detonante. O un detonador. Y que no hay mejor silenciador que el silencio.

«Se dice que hay dos tipos de personas —puntualiza Rojas Marcos—. Las que hablan para decir algo, y las que dicen algo para hablar. Pues bien, iniciar una conversación solamente por hablar en ciertos momentos críticos no es conveniente. Ante desastres o accidentes, la acción rápida y no las tertulias es lo que nos salva. Bastantes personas son víctimas de incendios y derrumbamientos porque pierden minutos preciosos en conversaciones inoportunas (...). No es conveniente hablar en momentos en los que necesitamos centrar nuestra atención en lo que está ocurriendo a nuestro alrededor, sea una clase, un discurso, un concierto, una obra de teatro»[6].

Nos prevenía del escarmiento Tomás Iriarte en la fábula de los dos conejos. Huían ambos de la persecución de unos perros, pero en lugar de focalizarse en la escapatoria se pusieron a discutir si acaso eran galgos o podencos. Y terminaron apresados, poniendo en bandeja la moraleja del fabulista:

«Los que por cuestiones de poco momento dejan lo que importa, llévense este ejemplo».

---

[6] *Op. cit.*

Las religiones y las creencias revisten el problema de la falta de consenso metafísico. Discrepan entre sí, cuando no son excluyentes, pero acostumbran a coincidir en la conveniencia del silencio.

Observarlo no es solo un ejercicio de disciplina, de autocontrol, sino una manera de predisponer la atención a la voz de Dios o a la del prójimo. Poco le importó a Gayaneh que le cortaran la lengua, porque el castigo del silencio se convirtió en el privilegio de aquietarse y de escuchar la recompensa del cielo. Ya se ocupó Kachaturian de recubrir el silencio con la música de un ballet que evocaba el martirio de la santa armenia, aunque la mayor apología del silencio del repertorio musical posiblemente se encuentre en el libreto de *La flauta mágica*. Se lo escribió a Mozart Emanuel Schikaneder. Y aludía a la doctrina perfeccionista de las sociedades masónicas enfatizando la observancia del silencio.

Bien lo sabe el protagonista masculino de la ópera. El príncipe Tamino podrá acceder a la mano de Pamina si se resiste a hablar con ella. Es una de las pruebas que jalonan el camino de la sabiduría. Y que Pamina interpreta como una expresión de rechazo. Al menos, hasta que la perseverancia y la paciencia de su alteza resuelven el malentendido que alojaba el ardid.

La aventura de Tamino transcurre a la vera de Papageno, un hombre-pájaro cuya incontinencia verbal identifica la verborrea con los peores instintos de su comportamiento —el vino, la comida, la pulsión sexual—, aunque la mayor alegoría de la charlatanería se reconoce en la Reina de la Noche.

Y es verdad que sus dos arias pirotécnicas representan el mayor hito de *La flauta mágica*, pero la intención de Mozart no consistía en dignificar las habilidades de la soprano en el trapecio, sino de trasladarlas como una prueba de vocinglería frente a la sobriedad e introspección de la figura de Sarastro, cuya mesura representa el control mismo sobre las palabras.

Callarse, guardar silencio. La orden de san Bruno se lo imponía a los frailes como si fuera el requisito de la gran experiencia espiritual: «Nuestra ocupación principal y nuestra vocación es la de dedicarnos al silencio y a la soledad de la celda. (...) En ella con frecuencia el alma se une al Verbo de Dios, la esposa al Esposo, la tierra al cielo, lo humano a lo divino».

Así consta en el reglamento de la orden que el cartujo francés fundó en el siglo XI y que reivindica la dimensión metafísica de la «palabra». O del «Verbo», cuya caracterización en mayúscula aparece en el Génesis y consta en el Evangelio de san Juan aludiendo a la idea del Logos.

La acepción filosófica cohabita con la identificación «verbal» y carnal de Cristo. «El Verbo (Jesús) nos reveló al Padre», escribe san Juan. Y suscribe tantos siglos después el pasaje de los Hebreos: «Dios, habiendo hablado muchas veces y de muchas maneras en otro tiempo a los padres por los profetas, en estos postreros días nos ha hablado por el Hijo, a quien constituyó heredero de todo, y por quien asimismo hizo el universo; el cual, siendo el resplandor de su gloria, y la imagen misma de su sustancia, y quien sustenta todas las cosas con la palabra de su poder, habiendo efectuado la purificación de nuestros pecados por medio de sí mismo, se sentó a la diestra de la Majestad en las alturas»[7].

Sostiene el demógrafo vienés Marc Luy que los monjes habituados a la disciplina del silencio viven un promedio

---

[7] Hebreos 1:1-3.

de cinco años superior al de la población civil. Se ha preocupado de estudiar el fenómeno en los claustros de Baviera desde 1890 hasta nuestros días. Y ha concluido no ya que la observación del silencio coopera en beneficio de la gracia, de la oración, de la experiencia religiosa, sino que reduce los niveles de estrés hasta límites desconocidos en las sociedades del bullicio, el jaleo, la escandalera.

Hablar sería una fórmula de profanación en la idiosincrasia de las órdenes taciturnas. Bien lo sabe el cineasta germano Philip Gröning, artífice de un documental estremecedor cuyo título, *El gran silencio* (2005), describe en sí mismo el propósito de contarnos la vida de un monasterio cartujo sin que aparezca un solo pasaje hablado. Estuvo Gröning 16 años esperando a que los hermanos de la Grande Chartreuse (en los Alpes) le permitieran introducir las cámaras. Y necesitó un lustro más para terminar la obra, aunque el documental consista en trasladarnos un día en la vida del monasterio.

Y no es que el silencio fuera solo una cualidad de perfeccionamiento espiritual. También identificaba la disciplina de los aguerridos espartanos. De ellos proviene el adjetivo lacónico. No únicamente en alusión al mérito de la brevedad y de la concisión, sino como expresión abreviada del adjetivo lacedemonio. Así se llamaban los vecinos de la región de Lacedemonia donde gobernaban los espartanos. De ellos hemos heredado también la apreciación de la «brevilocuencia» frente al exceso de la retórica ateniense. Se trataba de contener el discurso. Y de plantear la economía de las palabras como una expresión de estoicismo, de perfeccionamiento.

Es el mismo contexto en que la escuela pitagórica exigía a sus discípulos un noviciado de cinco años de absoluta disciplina silente para que olvidasen todo cuanto habían aprendido hasta entonces y para que adquirieran la maestría sin otra referencia formal y conceptual que la de Pitágoras.

Está en los orígenes de la cultura grecolatina la relación del silencio y la sabiduría, igual que sucede con el repunte humanista del Renacimiento. Es Erasmo de Rotterdam quien alude a la amistad perfecta cuando el silencio entre dos resulta ameno. Y es Baltasar Gracián quien mejor caracteriza la economía de medios en la conducta. No solo por la atribución de un aforismo que nuca llegó a escribir —«lo bueno, si breve, dos veces bueno»— sino por la dedicación implícita y explícita de sus escritos a las imprudencias que se derivan de hablar mucho sin decir nada. Ya explicaba san Cipriano que de las palabras menos pensadas salen las contiendas más agresivas, aunque es Gracián quien más atina con la idea de la continencia en un pasaje de *El Criticón*: «Melancólico parece el silencio mas al sabio nunca le pesó de [haber] callado porque lo que se calla puédese hablar después; pero lo que se habla no puede dejar de estar hablado. [...] La palabra que salió de la boca es como la piedra que salió de la mano, que ya no podéis hacer que no vaya y haga daño», escribe el maestro.

Las recomendaciones no solo suscitan una disciplina ejemplar, también incitan un uso responsable... del silencio, precisamente porque utilizarlo sin criterio puede convertirlo en aquiescencia, en castigo, en manifestación de sorna, en cobardía y hasta en burla. Guardamos silencio por los difuntos en los estadios de fútbol. Observamos el silencio en una partida de ajedrez. El silencio se le concede al torero cuando se juega la vida. Y se le garantiza a los tenistas para no distraerlos ni alterar su concentración durante el partido.

El problema se aparece cuando el silencio adquiere una dimensión punitiva y cuando decaen sus cualidades morales. Nos callamos la boca delante de una injusticia. Eludimos hablar cuando las palabras podrían resultar más sanadoras. Y recurrimos al mutismo no como un ejercicio de sabiduría, sino como instrumento de amilanamiento y pusilanimidad. Callarse a tiempo es tan conveniente como hablar cuando es necesario, de modo que el silencio puede concebirse en los términos de una herramienta dialéctica. Y no cuando funciona como recurso teatral en un discurso solemne, sino cuando se emplea de manera artera o se utiliza irresponsablemente.

La elipsis opera en los ámbitos más prosaicos —el silencio administrativo alude a la solución tácita de los conflictos— y en los de mayor enjundia filosófica y metafísica. Hablamos del silencio de Dios cuando la feligresía no encuentra explicaciones a la orfandad de Cristo en la cruz —«por qué me has abandonado»— ni al consentimiento de las mayores atrocidades. Ninguna tan elocuente como el Holocausto ni tan expuesta a la congoja y el desamparo de los correligionarios. El propio Juan Pablo II, un pontífice político y militante, reconocía una quiebra de su fe en las aberraciones de la II Guerra Mundial. Él mismo había nacido en los aledaños de Auschwitz y había padecido tanto la ferocidad del nazismo como la brutalidad del comunismo. ¿Qué respuesta tenía el silencio de Dios, más allá de aferrarse al libre arbitrio de los humanos y de su responsabilidad autónoma?

Puede responderse las cuestiones con el chiste de unos judíos que bromeaban sobre el Holocausto. Yavé consideró que tenía que presentarse ante ellos para amonestarlos, pero los aludidos le respondieron con mayor audacia: «Y Tú qué sabes de lo que pasó allí si ni siquiera estabas».

La ley del silencio no es solo una magnífica película de Elia Kazan, sino el esquema delictivo en que opera la mafia —la *omertà*— y el procedimiento punitivo que los psicólogos también definen como la ley de hielo.

Se utiliza como castigo y como recurso manipulador. Puede funcionar como expresión de vacío y de ignorancia hacia el prójimo, y hasta tipificarse como una prueba de maltrato. El silencio puede ser tan ameno como lo definía Erasmo y tan cruel y agresivo como lo connotan las relaciones de pareja —y de amistad— envenenadas. «No se hablan» quiere decir que las personas no alcanzan a tenerse en cuenta. Se desprecian. Se niegan el verbo.

El silencio ejercido sobre el otro funcionaría como un ardid para imponer un punto de vista y someter al prójimo dotado de menos paciencia y autoestima. Y tanto vale el silencio como fingir que no se escucha. O responder con monosílabos. De hecho, la utilización punitiva del silencio bien podría relacionarse como una dimensión insólita de… la ira.

Es cuanto sostiene el profesor Luis Castellanos. No ya coautor de *La ciencia del lenguaje positivo*[8], sino analista de las patologías que degradan la sabiduría del silencio al uso más pernicioso. Y a la crueldad: «Castigar con el silencio es más peligroso que hacerlo con palabras. El silencio es asesino, y se hereda de padres a hijos. Es un pozo sin fondo porque cuando se intenta salir ya no hay marcha atrás, se trata de un camino sin retorno cierto. Pertenece a la familia de la ira, pero puede ser más dañino que ella. Es casi imposible mentir cuando se habla enfadado, lo decimos mal, de forma violenta, pero decimos lo que real-

---

[8] Paidós, 2017.

mente pensamos», explicaba Castellanos en una entrevista al diario *ABC*[9].

La reflexión redunda en la incomodidad cultural o antropológica con que los humanos percibimos el silencio. Nos llega a resultar insoportable. Y es verdad que las tecnologías nos han enseñado a valorarlo en nuestros propios ámbitos de ensimismamiento o de solipsismo, pero existe o prevalece una relación perturbadora del silencio que podría explicarse en la propia idiosincrasia social de nuestra sofisticada especie. Somos animales sociales. Y nos distingue la red de relaciones, de tal manera que el silencio adquiere una acepción inquietante. Por eso acostumbramos a malograrlo o cuestionarlo con conversaciones triviales, irrelevantes. Las convertimos en una suerte de estrategia preventiva.

Tendría sentido escribir una *Historia del silencio* si no fuera porque la idea ya se le ocurrió al ensayista francés Alain Corbin. Sus estudios y proyectos académicos han gravitado en torno a la abstracción de la sensibilidad y de las sensibilidades. Por esa razón el silencio le ha merecido una atracción especial que dio lugar a un estupendo opúsculo publicado a iniciativa de Acantilado[10] y justificado en la elocuencia con que lo resume la contraportada: «Requisito indispensable para la contemplación, la fantasía, la plegaria y la creación, el silencio es la íntima fuente de la que mana el lenguaje, e impregna nuestros espacios más privados y sagrados, del dormitorio a la catedral. Pero pese al papel fundamental que desempeña en algunas de las experiencias más profundamente humanas, el silencio

---

[9] 3 de junio de 2017.

[10] *Historia del silencio*, 2019.

ha sido desterrado de nuestras existencias por el bullicio incesante de los espacios urbanos y los aparatos tecnológicos».

No se remonta Alain Corbin a los orígenes de la Cultura, sino a la acotación temporal entre el Renacimiento y el siglo XXI. Y no aspira a un memorial ni a un inventario académico, sino a las citas y aforismos de las personalidades que han buscado y encontrado el silencio en el solaz de un paisaje, en el calor de un mueble antiguo y en las paredes de su habitación.

Marcel Proust decidió insonorizarla con paneles de corcho para estimular el aislamiento y la misantropía. Y para percibir el silencio mismo como si estuviera alojado en la caja de resonancia de un violín. Por eso el novelista lo percibía en todas sus texturas y matizaciones. El silencio de la Luna. El silencio de Combray. El silencio de Albertine cuando duerme. Que difiere del silencio de Albertine cuando miente. Es ella la protagonista de la sexta entrega de *En busca del tiempo perdido*. Y el objeto de las reflexiones de Alain Corbin cuando el silencio es también la expresión del duelo amoroso.

El silencio es una de esas palabras, como felicidad o familia, que imponen una falsa singularidad a un asunto tan complejo y mutable. Tanto se describe en su dimensión poética o metafísica como se delimita en una definición tan elemental y tan elocuente como la mera ausencia de sonido.

Quién mejor para aludir al silencio que el compositor estadounidense John Cage, autor de una sonata, la *4,33*, cuya trama sonora carece de trama sonora. El solista únicamente tenía que sentarse delante del piano. Dejar transcurrir el tiempo, cuatro minutos y treinta y tres segundos. Pretendía así reflexionar conceptualmente sobre el aturdimiento del mundo, el estruendo de la carrera nuclear, aunque la experiencia ha ido cambiando de reacciones y de sensibilidades en el transcurso de las décadas. Como sucede con un espectador delante de un lienzo en blanco, si bien la obra de concierto reviste una perspectiva insólita porque recuerda que el silencio es el oxígeno de la música —la respiración que separa unas notas de las otras— y exige al público la disciplina de «escucharlo» en un ritual compartido.

Semejante perspectiva explica el esfuerzo y hasta el esnobismo con que las sociedades urbanitas buscan alternativas al bullicio y al estrés. Lo hacen instalándose un fin de semana en un monasterio cartujo. Lo buscan en las clases de yoga. Y lo encuentran menos en los manuales de *mindfulness*, cuyas amalgamas de filosofía barata y mistificaciones orientales rara vez consigue aquietar los sentidos y sortear el embrutecimiento.

Alain Corbin reconoce la ambivalencia del silencio. Observarlo es una demostración de sabiduría, pero también nos horroriza su acepción en el vacío. Porque el silencio caracteriza los cementerios y a sus moradores. Nos recuerda el sueño eterno. «El resto es silencio» dice Hamlet en alusión a la angustia existencial. A la nada. Su propio epitafio. Y el objeto de reflexión de exégetas y de filósofos, bajo el embrujo de Shakespeare.

«El silencio —escribe Ramón Andrés en el ensayo *No sufrir compañía*[11]— es, antes que otra cosa, un estado mental, una mirada que permite captar toda la amplitud de nuestro límite y, sin embargo, no padecerlo como línea última. Estar sosegado en lo limitado es tarea del silencio. No viene a transformar ni a desplazar la realidad, sino a

[11] Acantilado, 2010.

sembrar vacíos en ella, aberturas, espacios en los que cifrar lo que por definición es intangible y que, pese a todo, nos alberga (...). Esa necesidad de vivir ensordecido es uno de los síntomas reveladores del miedo. Kierkegaard afirmaba que, de profesar la medicina, remediaría los males del mundo creando el silencio para el hombre. No es extraño que buscara un fármaco de esta índole, atenazado como estaba ante el umbral de un tiempo inigualado en la producción del ruido físico, pero también mental, un clamor al asalto de la apacibilidad acústica y del no anhelo (...). El verdadero silencio no está necesariamente en la lejanía ni en la neblina de una vaguada ni en una cámara anecoica, sino, con probabilidad, en la intuición de un más allá del lenguaje».

Sostiene la profesora Estrella Montolío que en el silencio no hay drama. Que el silencio es una buena estrategia autodefensiva muy infravalorada en una cultura de desparrame verbal como la nuestra. Hacer caso omiso intencionada o conscientemente de un comentario desafortunado puede producir una enorme relajación en un clima crispado de disputa. «No es obligatorio decir algo cuando alguien nos hace un comentario chocante o hiriente. Podemos elegir ni prestar la misma mínima atención. Mucha gente se da cuenta de lo tontos y los absurdos que son algunos de sus comentarios cuando no encuentran eco, ni respuesta, sino simplemente silencio por parte de quien los escucha»[12].

Se trataría de organizarle un *offside* a nuestro interlocutor, un fuera de juego. Y de apreciar el silencio como un remedio a la intoxicación de las palabras y del lenguaje

[12] *Op. cit.*

mismo. Decía José María Pemán que la virtud de un políglota consiste en tener la capacidad de callarse en siete idiomas.

Saber más lenguas para hablar menos. Todo lo contrario de lo que ha sucedido en el Parlamento español con la multiplicación de las lenguas cooficiales y dialectos alternativos. Hablar para no entenderse.

La maldición del nacionalismo consiste en intoxicar la convivencia desde sus presupuestos excluyentes, desde sus mitos fundacionales y desde sus discursos supremacistas. Por eso la imposición de las lenguas cooficiales y de las variantes dialectales en el Parlamento no responde a un ejercicio de pluralidad ni de riqueza cultural, sino al propósito de inducir la confusión y el des-entendimiento. Se trata de describir el castellano —el español universal— como el idioma inequívoco del Estado opresor, aunque no tuvieron otra alternativa que utilizarlo Carles Puigdemont y Yolanda Díaz en la obscena cita de Bruselas donde se vieron las caras en septiembre de 2023. El líder catalán y la vicepresidenta gallega hablaron en español universal conscientes del ridículo que supondría hacerlo en sus respectivos idiomas «maternos». Prefirieron entenderse, comprenderse, sin equívocos ni lugar a los problemas de traducción o a las incomodidades que implica el pinganillo.

La idea de generalizarlos —los pinganillos— en el Congreso como presunta expresión de la fertilidad lingüística y de la exuberancia territorial no reviste otro objetivo que provocar el malentendido y fomentar las desconexiones a expensas de la idiosincrasia misma de un Parlamento y de su raíz etimológica. Se supone que los diputados acuden a la Carrera de San Jerónimo para buscar el entendimiento, no para forzar la colisión de las identidades. Existiendo el privilegio de una lengua común, resulta extravagante y estrafalario que las señorías accedan a la tribuna dispuestos a que… no se les comprenda. O para que el uso del euskera, del gallego o del catalán se conviertan en una prolongación orgánica de las respectivas expectativas independentistas y de las tesis supremacistas.

Tiene sentido evocar el «caso» bíblico de Babel. Y las razones por las que Yavé condenó a los humanos a la discordia. Hablaban unos y otros la misma lengua, pero la pretensión de construir una torre cuya altura desafiaba el principio de la jerarquía celestial fue castigada con la maldición lingüística.

Palabra de Dios en el texto inaugural del Génesis: «He aquí que todos forman un solo pueblo y todos hablan una misma lengua; siendo este el principio de sus empresas, nada les impedirá que lleven a cabo todo lo que se propongan. Pues bien, descendamos y allí mismo confundamos su lenguaje de modo que no se entiendan los unos con los otros».

Los partidos independentistas no persiguen otro objetivo que la confusión en la Cámara Alta y la Cámara Baja, de tal manera que la mezcolanza de idiomas, la proliferación de taquígrafas y la plantilla de traductores, predisponen un escenario de caos premeditado, a expensas del consenso o de la concordia que debería prevalecer en el templo del parlamentarismo.

El sabotaje contradice la pedagogía voluntarista con que Sánchez pretende convencernos de que lidera un Gobierno progresista. El nacionalismo se define e identifica en el arcaísmo, en el discurso de la exclusión, en la depravación supremacista, en el conservadurismo.

Otra cuestión es la demagogia libertaria de los pueblos perseguidos, aunque sean ERC y Bildu las franquicias genuinas de la extorsión y aunque no haya manera de encajar a Junts en las fronteras elementales de la izquierda.

Se explica así mejor el grado de humillación y de sumisión con que Pedro Sánchez se ha avenido a convertirse en el rehén de Carles Puigdemont. La alianza parlamentaria entre ambos describía una aberración contra natura que transformaba en víctima el victimario y que socavaba la reputación del Estado de derecho y de la democracia con la profanación instrumental de la amnistía.

Hay una estrecha relación etimológica entre amnistía y amnesia. También la hay conceptual y estratégica en la red neuronal de Sánchez, cuyas necesidades de supervivencia y expectativas particulares degradan su misión política a la crispación y desquiciamiento de la nación que gobierna.

Las lenguas son una riqueza. Y los dialectos. Tiene sentido exponerlas y exponerlos en la Cámara de representación de los ciudadanos, pero la motivación que alienta semejante iniciativa no reside en la pluralidad ni en la riqueza simbólica, sino en la fórmula confusional que impuso Yavé, consciente de que la única manera de escuchar Su voz proviene de la experiencia y del misterio del silencio.

Meditar, contemplar. Las religiones más exigentes y las menos complejas coinciden en la noción purificadora del silencio y en su capacidad para alimentar el alma. Se ha ocupado de estudiar el fenómeno orgánico-místico un sacerdote de altura ética, Pablo D'Ors, en un ensayo cuyo título, *Biografía del silencio*[13], se atiene a las vicisitudes de la experiencia, diferenciando que la acción y la palabra estimulan el ego mientras que el silencio implica un ejerci-

---

[13] Galaxia Gutenberg, 2020.

cio de humildad. Nada hay más radical que sentarnos en silencio a escucharnos.

«La meditación en silencio y la quietud —escribe D'Ors— es el camino más directo y radical hacia el propio interior (no recurre a la imaginación o a la música como ocurre en otras vías) y eso requiere un temple de soldado y una firme determinación. No es excepcional que quien se decida por una meditación tan dura y seca haya pasado por muchas disciplinas espirituales de búsqueda interior, y tampoco es excepcional que muchos salgan espantados tras las primeras sentadas. ¿Por qué? Porque se trata de algo muy físico y sobrio».

VII
La conversación como terapia

Terapia de grupo. He aquí la definición académica que connota a la conversación en sus cualidades sanadoras. Soltar lo que uno lleva dentro, como si le oprimiera. Y compartirlo con los congéneres en parecidas situaciones de congoja psicológica y de angustia personal.

Es un procedimiento terapéutico que reúne los verbos compartir y conversar. Y que invita a conducirlo de manera ordenada. No solo con un director de orquesta, el terapeuta, que arbitra el concierto de cámara, sino con un ritual cuya lógica interna necesita las cualidades de la atención y del respeto.

Hablan los pacientes de forma civilizada. Y se avienen a «desnudarse» y a desinhibirse, muchas veces en explosiones de llanto y dolor que revisten una capacidad catártica. La conversación cura y alivia. No solo en los grupos de adictos al alcohol, al sexo o a las drogas, sino entre las personas traumatizadas por vivencias parecidas. La muerte prematura de un hijo. La violación. El abandono. Sin distinción de clases ni de categorías.

Necesitamos construir y exteriorizar un relato para liberarnos, más o menos como si el peso semántico y conceptual de las palabras nos estuviera asfixiando y fuera necesario, urgente, extirparlas de las entrañas.

La conversación formaliza la terapia porque la construcción de una crónica elaborada predispone la posibilidad misma de gestionar el trauma una vez que puede identificarse en su fórmula narrativa. Las palabras dan sentido a un sentimiento, sea cual sea la naturaleza. Era la cualidad que el crítico literario Harold Bloom atribuía al teatro de Shakespeare. No podemos sentir del todo aquello que no podemos definir o acuñar con la palabra misma. Y es verdad que Hamlet recela de la palabrería («words, words, words») en su conversación con Polonio, pero el escepticismo del príncipe danés es un golpe de timón cuya lucidez no contradice el ingenio de Shakespeare cada vez que convierte el lenguaje en la mayor expresión del sentimiento mismo.

Se ha instalado el tópico de acuerdo con el cual una imagen vale más que mil palabras, pero bien podría invertirse la «ecuación» y concluir, como decía el filósofo y sacerdote italiano Cornelio Fabro, que una palabra puede valer más de mil imágenes, en la medida en que la capacidad de abstracción del lenguaje estimula el ingenio y la imaginación de los humanos. Las palabras establecen un vínculo activo frente a la pasividad con que contemplamos una imagen. «La palabra, es un significado abstracto que viaja a través de un sonido dibujable desde la escritura —plantea el profesor Antonio Barnés—. La palabra mesa responde a una abstracción, pues 'la mesa' no existe: existen mesas concretas. La palabra es más general, más abstracta. Las imágenes son siempre concretas: esta imagen. Los libros dejan más suelta la imaginación, en tanto que las películas optan por una representación. "No me lo imaginaba así", porque cada uno se imagina los personajes a su manera»[1].

---

[1] En *Construir sobre roca*, Universidad de Castilla-La Mancha, 2020.

La palabra. El peso de la palabra. «Señor, no soy digno de que entres en mi casa, pero una palabra tuya bastará para sanarme», decimos en misa invocando o evocando el pasaje del Evangelio según san Mateo (8:5-11) que alude a la curación milagrosa del criado de un centurión en Cafarnaúm.

Hablar puede convertirse en una necesidad, en una emergencia. De hecho, la peculiaridad de la terapia de grupo, a diferencia de la familiar o de la conyugal, no consiste en cultivar ni mejorar las relaciones entre las personas que asisten, sino en aprovechar un auditorio de «desconocidos» que propicia o predispone las situaciones de desinhibición, entre otras razones porque los «pacientes» no tienen miedo a ser juzgados y porque los sujetos que allí se encuentran comparten dolencias y experiencias parecidas.

Se habla, por tanto, se conversa, en un contexto enormemente peculiar. Hablar con franqueza entre personas ajenas. Sentirse comprendido junto a ellas. Y aceptar el liderazgo, la conducción de un terapeuta que administra el tiempo y las intervenciones con criterios científicos, académicos.

Es una figura que caracteriza las civilizaciones más remotas —el líder de la tribu, el chamán, el sacerdote— y cuya definición contemporánea proviene de la psicología estadounidense hacia 1920. Tiene sentido mencionar la influencia que ejerció el profesor Joseph Pratt. Y el proyecto solidario de trasladar la psicoterapia a las clases menos favorecidas, de tal manera que se hacían coincidir casos y patologías comunes en sesiones colectivas.

Fue el campo de trabajo donde ancló su disciplina y su capacidad experimentadora el profesor rumano-estadounidense Jacob Levy Moreno (1899-1974). Suya fue la concepción de un sistema terapéutico que trasladaba la curación del individuo en el ámbito de la dramatización de su trauma, como si fuera un actor rodeado de otros actores que experimentan una suerte de narrativa liberadora y que comparten la experiencia.

Decía Moreno que el psicodrama representa el punto decisivo en el apartamiento del tratamiento del individuo aislado hacia el tratamiento del individuo en grupos, del tratamiento del individuo con métodos verbales hacia el tratamiento con métodos de acción. «El psicodrama pone al paciente sobre un escenario, donde puede resolver sus problemas con la ayuda de unos pocos actores terapéuticos. Es tanto un método de diagnóstico como de tratamiento», escribía en 1946.

El procedimiento tiene que ver con la catarsis que ya se aloja en los fines sanadores del teatro griego y en las experiencias chamánicas con sustancias alucinógenas en otras latitudes, culturas y etnias, pero concebido desde una perspectiva más específica en función de la patología indicada de los pacientes. Requiere la terapia un escenario, un grupo de interlocutores, un responsable dramatúrgico —el psicólogo o el psiquiatra—, un público y una atmósfera de trabajo que propicie el camino desinhibición. Se trata de que el sujeto alcance una comprensión más profunda de sus emociones y de las consecuencias de estas. Y de generar respuestas a las incertidumbres. Las hay con sentido de la perspectiva temporal, como las hay prospectivas.

Más allá de las fronteras del psicodrama, el sistema de la terapia de grupo terminó sofisticándose hasta convertirse en una fórmula de terapia más definida. Ejerció mucha influencia la pujanza del psicoanálisis, pero más lo hizo el impacto de la II Guerra Mundial. Y el aluvión de soldados martirizados por el conflicto, casi siempre víctimas de un trastorno de estrés postraumático que requería soluciones terapéuticas inmediatas.

Conversar en grupo ayudó a muchos. Y sirvió de pista para especializar las diferentes patologías: adicciones, trastornos del estado de ánimo como la depresión o la ansiedad, situaciones de duelo por la pérdida de un ser querido o tras una ruptura sentimental, trastornos de personalidad, timidez y fobia social, trastornos de la alimentación como la anorexia o la bulimia, personas con enfermedades graves, crónicas y terminales, pacientes con relaciones conflictivas o con dependencia emocional.

— La terapia grupal se centra en las interacciones del grupo, permitiendo la reflexión de las motivaciones propias al mismo tiempo que se intentan comprender las motivaciones de los demás. Siempre contando con la presencia de uno o dos terapeutas capacitados que se encargarán de dirigir las correspondientes sesiones.
— El psicólogo analiza las características de cada persona y sus metas respecto a la terapia, para así valorar si la terapia grupal es la selección adecuada en cada caso. En ocasiones se recomienda pasar primero por un proceso de terapia individual.
— La terapia grupal es una experiencia compartida; no solo se recibe ayuda del profesional, sino que los pacientes participan de manera activa para servir de ayuda a los demás. En cada sesión se interactúa, aunque no necesariamente en proporciones idénticas ni simétricas.
— Lo usual es que el psicólogo intente equilibrar el grupo, incluyendo a personas con distintos proble-

mas y grados de habilidad social. Siempre evitando que ninguno de los miembros se sienta solo o excluido.

— Este tipo de terapia provee un espacio confidencial y seguro en el que expresar aquello que causa malestar, mientras se obtiene como respuesta apoyo y confianza.

— La terapia de grupo ayuda a romper el aislamiento y la percepción de la cordura. Si bien cada persona es única, darse cuenta de que los problemas e inquietudes le ocurren también a otros, es un paso importante en el proceso para sanar.

— Ayuda a relacionarse con otros y con uno mismo de forma más sana. Los lazos que se crean con los otros miembros del grupo y la honestidad con la que se tratan los temas, ayuda al paciente a entender por qué sus relaciones no funcionan.

— Reviste importancia tener alrededor a personas que se interesan por escuchar, entender y aportar soluciones a los problemas. Ayuda a sentirse más cómodo expresando sentimientos y necesidades, facilitando el encuentro de la «voz» propia.

— Gran parte de la vida cotidiana se desarrolla en torno al grupo. Para alcanzar bienestar psicológico y emocional, es necesario el apoyo social. Hay que tener en cuenta que gran parte de la personalidad ha sido influenciada, primero por la familia y después por nuestros grupos sociales.

— No es un trabajo circunstancial ni cuyo resultado pueda apreciarse o reconocerse de manera inmediata. Las sesiones requieren tiempo, disponibilidad y disciplina.

Es verdad que hemos adquirido un recelo cultural a hablar con desconocidos. «No hables con extraños» resume o simplifica la actitud con que los progenitores preservan a los hijos de las situaciones comprometidas, como si el «otro» fuera un peligro potencial, una amenaza disfrazada de buenas intenciones.

Somos animales sociales y precavidos a la vez, pero los estudios de campo que se han ocupado de este malentendido enfatizan las ventajas que se derivan de hablar con extraños, independientemente del desenlace de la película que Hitchcock realizó a partir de la novela de Patricia Highsmith.

Escribió el guion Raymond Chandler, se respetó en español el título original en inglés (*Strangers on a train*) y se convirtió en un escarmiento de las consecuencias que puede conllevar un encuentro casual entre dos personas desconocidas que observan un objetivo común (no haremos *spoiler*).

El caso es que hablar con extraños en un tren, en un autobús o en un mercado puede engendrar resultados positivos. El primero consiste en romper la barrera social, atreverse a traspasar la timidez o el aislamiento. El segundo radica en exponerse a escuchar al prójimo sin los prejuicios propios ni los ajenos, con unas condiciones de libertad que a veces no se producen cuando interactuamos con personas conocidas.

El tercero sobrentiende el cuestionamiento del «mundo» como un lugar hostil y la percepción del extraño como un enemigo. «Muchas personas temen hablar con extraños, pero cuando lo hacen, tienden a sentirse bien, más felices, menos solos, más optimistas, más empáticos y con un sentido más fuerte de pertenencia a sus comunidades».

Es la conclusión a la que han llegado los profesores Nicholas Epley y Juliana Schroeder (Universidad de Chicago) después de haber realizado un trabajo con un grupo de ciudadanos a quienes se les pidió hablar con extraños en el metro, el taxi o el autobús sin haberlo hecho casi nunca.

La mayoría de los participantes predijo que estas interacciones irían mal; les preocupaba que el extraño se ofendiera por la intrusión y los rechazara, y que sus viajes al trabajo fueran aún más desagradables de cuanto ya eran.

Sin embargo, cuando los participantes salieron y realmente se relacionaron con la gente, descubrieron que los extraños eran sorprendentemente receptivos, curiosos y agradables. «Parecían pensar que hablar con un extraño representaba un riesgo significativo de rechazo social», escribieron Epley y Schroeder.

Muchos factores conspiran para evitar que hablemos entre nosotros. Ciertamente, los teléfonos inteligentes han hecho que sea más fácil que nunca evitar interactuar con las personas de nuestro entorno inmediato.

Y, naturalmente, podemos ser cautelosos respecto al propósito de acercarnos a alguien que nos parece poco confiable, incluso si nunca lo hemos conocido. Preferimos cooperar con alguien que se parece a otra persona en quien hemos confiado en el pasado respecto a alguien que se parece a un antiguo conocido en el que no se puede confiar.

Las grandes ciudades han crecido demográficamente, pero el gigantismo no implica que se hayan multiplicado las relaciones. Todo lo contrario. Prevalece la defensa del territorio y el recelo al vecino.

Por eso Epley y Schroeder consideraron oportuno realizar el experimento sociológico en una ciudad tan moderna como peligrosa. «En un momento en que tantas personas se sienten solas, ajenas, excluidas, desconectadas, pesimistas, cobra sentido atreverse a hablar con extraños. Conversar con ellos, aunque sea de pasada, puede ayudarnos a construir o reconstruir redes sociales, reconectarnos con nuestras comunidades y reforzar la confianza en las personas que nos rodean».

Hemos adquirido mucha información de las terapias de grupo gracias al repertorio del cine estadounidense, pero la reputación benefactora de la conversación va mucho más lejos de los casos patológicos. Se inscribe en las propias cualidades de la civilización. Mientras dos personas hablan, sus cerebros comienzan a trabajar de forma simultánea, conectándose y estableciendo un vínculo único. Hablar es la actividad humana más efectiva para proteger la autoestima saludable, gestionar las dificultades con las que nos enfrentamos a lo largo de la vida, disfrutar la convivencia y las relaciones afectivas y hasta fortalecer el sistema inmunológico.

Es el inventario de las conclusiones que pueden leerse entre las páginas de *Cosas que pasan cuando conversamos*, el ensayo de Estrella Montolío[2] cuya línea editorial enfatiza la relación que existe entre la civilización y la conversación. Más calidad tiene la segunda, más prospera la primera, como si dependieran la una de la otra en sus aspectos nucleares:

«Las conversaciones intensas y apasionantes en las que sentimos que nuestra mente entra en resonancia con la de nuestro interlocutor; esos momentos de conexión comunicativa que nos permiten adentrarnos en nuestra esencia

---

[2] *Op. cit.*

humana más profunda, gracias a los cuales entendemos mejor a los demás, nos conocemos más a nosotros mismos y avanzamos en nuestro conocimiento del mundo. Esas conversaciones que hacen que nuestro cerebro se inunde de hormonas, de bienestar y nos libremos de penas, temores y secretos, cuya carga se aligera de inmediato cuando los compartimos con alguien (...) Sabemos que establecer lazos de amistad, de afecto y amor con nuestros congéneres es una de las vacunas más fiables para prevenir la enfermedad, tanto física como psicológica. ¿Cómo crear, conservar y reforzar afectos si no es a través de la comunicación auténtica que nos provee la conversación? Necesitamos reivindicar la importancia de la conversación en nuestro bienestar cotidiano».

Somos lo que hablamos. Tanto, que la sentencia, tal cual, dio título al ensayo de Luis Rojas Marcos que reflexiona sobre las extremas capacidades de la conversación en su dimensión sanadora y purificadora.

Y sabe de lo que escribe el psiquiatra sevillano, tanto por su familiaridad con el tratamiento de las enfermedades mentales derivadas del alcoholismo y de otras adicciones, como porque su «exilio» en Nueva York durante tantos años le ha permitido observar las brechas y las desigualdades de la ciudad que encarna el progreso y la contrafigura del aislamiento.

«Un número creciente de estudios científicos —explica— demuestra que algo tan natural para cualquier ser humano como hablar está íntimamente relacionado con la buena salud y la satisfacción con la vida en general. De hecho, hablar, en cualquiera de sus formas, no solo añade vitalidad a los años sino también años a la vida. Por eso hablar se ha convertido en un remedio esencial de lo que hoy llamamos 'medicina de la calidad de vida'».

Es el contexto en que sobreviene en el cambio de milenio el concepto de la psicología positiva. La concibe Martin Seligman en la Universidad de Pensilvania. Y lo hace focalizando el régimen terapéutico en la noción antagonista de la patología. La ansiedad se combate desde la confianza, igual que la tristeza se abruma desde la alegría. Prevalece, pues, la idea de cultivar los rasgos de la personalidad y las actividades que contribuyen al bienestar emocional y la satisfacción con la vida. «Los científicos de la mente del nuevo milenio no solo se preocuparán por corregir lo peor de la condición humana, sino que también se dedicarán a identificar y promover lo mejor», decía Seligman en nombre del sistema que había ideado.

Tiene sentido identificar el lenguaje y la conversación en las plenitudes de la condición humana. Y de explorar sus cualidades benefactoras.

Hablar es bueno para la salud. Y hasta conversar con uno mismo. No ya rumiando pensamientos interiores, sino haciéndolo explícitamente, en voz alta, por mucho que hablar a o para uno mismo se identifique tradicional o popularmente con los comportamientos lunáticos.

Conviene replantearse el diagnóstico. Y tomar en consideración las novedades científicas y académicas que rehabilitan la idoneidad de conversar unilateralmente, aunque a veces lo hacemos en segunda y en tercera persona, como si pretendiéramos distanciarnos del yo.

Hablar con uno mismo significa elaborar un discurso. Y llegar a conclusiones que pueden alcanzar a sorprendernos, como si la mejor manera de lograrlas procediera de las cualidades propiciatorias de la dialéctica.

Podemos hacernos preguntas. Darnos respuestas. Discutir con nosotros mismos. No se trata de relativizar la importancia de las patologías psiquiátricas que se identifican en la presencia de otras voces o en desdoblamientos de la personalidad, sino de apreciar la relevancia que aloja una conversación con uno mismo, delante del espejo (interior).

Es una manera de descubrirse y hasta de apreciarse. Podemos llegar a sorprendernos de lo interesantes que somos. Y de las cosas que alcanzamos a descubrir a medida que el lenguaje verbal define los sentimientos, las sensaciones y las impresiones que llevamos dentro.

Háblate como quieres que te hablen. La experiencia de escucharse a uno mismo mejora la memoria y ordena el pensamiento. Los pequeños hablan mucho en alto sin que por ello se les diagnostique un comportamiento anómalo o una patología.

Conscientes o no, los niños que hablan consigo mismos en voz alta están perfeccionando el lenguaje, se autocorrigen y, por tanto, mejoran la pronunciación. También la experiencia los hace más tolerantes y empáticos, porque desarrollan la inteligencia emocional, y porque exteriorizan procedimientos para resolver sus grandes o pequeños conflictos.

El psicólogo y epistemólogo suizo Jean Piaget (1896-1980) aludía a la idea del lenguaje egocéntrico como el método con que los niños buscan y encuentran los mejores caminos de integración. Lo preocupante no es que hablen solos; sería que no lo hicieran.

Hablar con uno mismo es un remedio a la soledad y al aislamiento. Bien lo saben los pastores, los exploradores, los estilitas. Escuchar nuestra propia voz sugiere nuestra propia humanidad. No se trata de idealizar la conversación egocéntrica, ni descuidar los síntomas que deben suscitar atenciones y preocupación, cuando el discurso carece de coherencia; cuando las palabras denotan una pérdida de contacto con la realidad; cuando el que habla consigo mismo se insulta o se concede adjetivos negativos; cuando se salta de una idea a otra de manera repentina, y cuando el discurso se acompaña de alucinaciones o voces extrañas.

El lenguaje no es simplemente un medio de comunicación hacia fuera; cuando lo dirigimos hacia nosotros mismos nos ayuda a pensar con mayor claridad, amplifica nuestra percepción y perfecciona la memoria.

Hablar solo en voz alta no solo ayuda a organizar los pensamientos, también connota una capacidad de motivación. Y más todavía —según un estudio de la Universidad de Illinois— cuando recurrimos mejor a la segunda persona que a la primera. El tú sí puedes, es mejor que el yo sí puedo, más o menos como si estuviera animándote el *daimón* del que hablaba Sócrates.

Sería una manera de aludir a la conciencia. Y a la voz interior que escuchamos y obedecemos. Hablamos con nuestro *daimón* en voz alta. Y lo interpretamos o valoramos en sus capacidades clarividentes.

Funciona como un remedio contra la soledad hablar con uno mismo. Y hacerlo con las plantas, incluso. La sabiduría popular atribuye al fenómeno beneficios bilaterales. Los humanos aprovechamos para conversar. Y los vegetales reaccionan no porque tengan sentimientos, sino porque se benefician del dióxido de carbono que expele nuestro aliento.

Se trata de favorecer la fotosíntesis, aunque los últimos estudios relativos a las conversaciones con las plantas apuntan a que los sonidos estimulan las células vegetales. Nos oyen los geranios y el ficus, más que escucharnos. Y se produce una reacción positiva, aunque las plantas no alcanzan a diferenciar si estamos recitando a Góngora o proclamando la lista de la compra. Tampoco perciben el estado de ánimo.

Sí lo hacemos nosotros al hablar con ellas. Las plantas no nos juzgan, podríamos decir en sentido más sarcástico que académico. Y formalizan un espacio de intimidad que predispone la serenidad y la atención.

Lo que sí perciben son el volumen y las vibraciones. «Las plantas probablemente no escuchan como nosotros —dice la Dra. Dominique Hes, experta en biofilia e investigadora principal de Plant Life Balance, de Horticulture Innovation of Australia—. Pero algunas investigaciones muestran que hablar bien con las plantas apoyará su crecimiento, mientras que gritarles no lo hará. Sin embargo, en lugar del significado de las palabras, esto puede tener más que ver con las vibraciones y el volumen. Las plantas reaccionan favorablemente a los bajos niveles de vibraciones»[3].

La experiencia claustrofóbica del COVID derivó la atención doméstica a experiencias terapéuticas menos habituales. Prestar atención a las plantas y cultivarlas predispuso un ejemplo de dedicación. No tanto por hablar con ellas como por crear un espacio de esmero y de cuidados. Era una forma de combatir el estrés y de concentrarse. Y de depositar en el buen estado de una orquídea o de unas rosas el reflejo de la propia salud.

Tiene sentido mencionar aquella estupenda película de Hal Ashby, *Bienvenido Mr. Chance*, cuyo protagonista, Peter Sellers, interpreta a un jardinero que se relaciona con las plantas y concibe toda la realidad y todo el discurso a partir de la experiencia con la naturaleza doméstica.

---

[3] *The Guardian*, 10 de enero de 2021.

Se prodiga en expresiones puramente botánicas que sus congéneres interpretan como metáforas elaboradas y pensamientos sofisticados, hasta el extremo de convertirlo en un sabio y en un gurú sobrevenido.

Las plantas no interrumpen cuando hablas. No discuten ni hacen preguntas difíciles. E independientemente de si realmente están escuchando, la investigación ha demostrado que son una presencia tranquilizadora. No es de extrañar, entonces, que tantos de nosotros hablemos con ellas.

«Una cosa en la que los humanos son realmente buenos es en antropomorfizar: hablamos con todo tipo de cosas que no son humanas, como nuestros perros y gatos —dice Cindy McPherson Frantz, profesora de Psicología y Estudios ambientales en el Oberlin College de Ohio—. Estamos conectados para proyectar una mente sensible, intencionalidad o sentimientos sobre otros seres u objetos, y para querer conectarnos con cosas fuera de nosotros mismos. Las plantas pueden satisfacer esa necesidad».

Y con más sentido, pueden hacerlo los animales, nuestras mascotas. Lo observó el propio Sigmund Freud en su consulta de manera accidental, precisamente cuando se dio cuenta de que sus pacientes se ponían a hablar liberadamente con Jofi, el chow chow que poseía el afamado psicoanalista.

Se percató de que un mamífero cariñoso desatascaba la ansiedad y propiciaba la desinhibición de algunos enfermos. «El perro nos brinda afecto sin ambivalencia, la sencillez de una vida sin conflicto, ama a sus amigos y muerde a sus enemigos; por el contrario, los seres humanos en todo momento mezclan el odio y el amor en sus relaciones», escribía Freud.

Existe en nuestros días la terapia asistida con animales como solución a diferentes estadios o cuadros patológicos, pero no hace falta padecer una dolencia del alma o de la psique para establecer conversaciones con los animales —perros, gatos, pájaros...— que habitan en nuestros hogares.

Y no solo para darles órdenes, sino para exteriorizar un discurso o para resolver los problemas de aislamiento que connotan a las sociedades urbanitas y deshumanizadas. Lo escribe Rojas Marcos desde la propia experiencia de terapeuta: «Cuando la soledad invade la vida de las personas, las mascotas adquieren un papel especialmente importante, pues facilitan la comunicación de sentimientos, reavivan los recuerdos agradables, crean un ambiente hogareño y ayudan a llenar ese vacío que supone el aislamiento social. Efectivamente, las personas mayores que viven con un animal de compañía muestran mejor estado físico, menos preocupación con los problemas de salud y una mayor sensación de bienestar y de seguridad respecto a las personas que viven solas»[4].

Son las mascotas un vehículo de socialización. Hacia dentro, cuando las «humanizamos» en los hogares. Y hacia fuera, cuando el contacto entre los perros y los dueños predisponen conversaciones y hábitos sociales. Sirven para romper el hielo. Y para compartir experiencias de mayor enjundia de las que se deriva de hablar con las plantas, precisamente porque los animales —y los perros en particular— detectan el estado de ánimo, diferencian el tono imperativo del amable y hasta prestan atención a los soliloquios. No porque los entiendan semánticamente, pero sí porque los perciben instintivamente.

Nos escuchan. Y son, en cierto modo, interlocutores idóneos. Porque no juzgan ni critican. O porque saben

---

[4] *Op. cit.*

guardar los secretos. Hablándoles a ellos nos escuchamos. Damos forma a las palabras y los discursos, aunque tan estrafalario resulta esperar que nos respondan como pretender sustituirlos por humanos, de tanto que los sometemos a la antropoforma.

El animalismo más dogmático y cerril ha convertido a las mascotas en congéneres de los humanos. Los han revestido de derechos —pero no de obligaciones— y los han homologado a una suerte de prójimo.

Deben respetarse a los animales, pero no tratarlos como personas. Ni lo esperan ellos ni se les puede aplicar las categorías éticas —la diferencia del bien y el mal— en que se reconoce la excepcionalidad humana.

Y es verdad que los terapeutas consideran beneficioso hablar con nuestro perro y nuestro gato, pero no tratarlos como hijos ni identificarlos con las etiquetas que caracterizan el trato de los humanos. A un perro se le respeta cuando se le trata como a un perro. Otra cuestión es que los «dueños» recurran a ellos como placebos afectivos. Que los lleven a pasear en carrito. O que los hablen igual que lo harían con un niño o con un abuelo.

Conozco un juez de Córdoba a quien inquieta sobremanera este animalismo desquiciado. Y que ha venido observando no ya la naturalidad con que los dueños —dueños no se puede decir, porque se considera una fórmula opresiva y degradante— hablan a los animales, sino el estado de alerta ante la posibilidad de que terminen respondiendo.

¿Acaso no ocurre en tantos dibujos y en tantas películas? ¿No es acaso cierto que el proceso de humanización de los animales se corresponde con un proceso de deshumanización de los humanos? Igual nos sorprendería escuchar lo que los animales querrían decirnos si estuvieran dotados del habla y de pensamientos superiores.

Ni siquiera es necesario recurrir a ellos para hablar en un clima garantizado de intimidad y de confidencialidad. Nos las garantizan por obligación deontológica nuestros médicos y nuestros abogados. Y con más razón están obligados a hacerlo los sacerdotes en un confesionario.

Resulta interesante este singular espacio de conversación —esta cápsula— porque el confesionario garantiza con una celosía el anonimato del feligrés. Y porque el pecador tiene a su disposición valerse de una charla para liberarse de un peso que le oprime. Y del que puede resarcirse a cambio de un acto de contrición y de una penitencia.

Caracteriza la confesión a la Iglesia católica, pero no goza de reputación en los cultos protestantes, fundamentalmente porque interpretan la confesión como un ejercicio de picaresca que exonera fácilmente la responsabilidad del sujeto y porque la «condena» de unas oraciones representa un escenario indulgente que predispone incluso la reincidencia.

Diríamos que la confesión está más arraigada en las sociedades de la desconfianza y proscrita en las sociedades de la confianza, aunque sus ventajas terapéuticas las agradecen los feligreses que han vulnerado los mandamientos. Casi siempre por haber cometido «actos impuros», aunque el secreto de confesión cubre las categorías del hurto y del asesinato.

Se quita un peso encima el pecador cuando suelta el lastre de la conciencia en el confesionario. Y no es que sea grato hablarle a un sacerdote de situaciones embarazosas o pecaminosas, pero los observantes del cristianismo son proclives a despojarse de los males y acudir a comulgar en un estado de pureza y de sensibilidad más ortodoxos.

Se siente absuelto el pecador, precisamente porque la ceremonia implica el reconocimiento de la responsabilidad de un quebranto y el desahogo que sobreviene al compartir la «fechoría».

Interviene el sacerdote no solo para administrar el perdón en nombre de Dios, sino para acometer un interrogatorio cuya deontología obliga a eludir la curiosidad morbosa y el sensacionalismo.

Las oraciones funcionan como una suerte de catarsis y como un camino de purificación. Rezar hace bien a los creyentes, pero no necesariamente a los destinatarios de las oraciones cuando se les hace saber.

Tiene documentado el fenómeno el doctor Rojas Marcos a partir algunos estudios científicos según los cuales resulta contraproducente explicitar al «beneficiado» que va a rezarse por su salud y por su alma.

Resulta que el destinatario de los rezos entra en una fase de sugestión y de aprensión cuya onda expansiva puede terminar deteriorando el estado de ánimo y la salud. Si rezan por nosotros es porque lo necesitamos. Porque estamos enfermos. Porque hay episodios traumáticos. ¿Tan mal me ven que van a rezar por mí?

Y no es que tengan que proscribirse las oraciones filantrópicas, pero sí procede concebirlas desde dentro y hacia dentro. Y a espaldas del sujeto que debería agradecerlas. Ya se encargará Dios de hacerlas llegar, si funcionan bien las comunicaciones.

Hablar. Terapia. No existen dudas de las cualidades sanadoras de la conversación, como tampoco existen respecto a las patologías derivadas de los trastornos del habla. Y de su repercusión en la salud de los damnificados, más todavía cuando las enfermedades son incurables.

Ocurre con los casos de mudez por sordera infantil —no se puede hablar sin haber escuchado antes— y sucede en los diagnósticos de afasia. La imposibilidad de hablar procede o proviene de un daño neuronal, casi siempre derivado de las hemorragias cerebrales, de los llamados ictus.

Sus consecuencias resultan devastadoras para quienes padecen afasia, precisamente por el deterioro de la autoestima, del equilibrio vital y de la incapacidad para establecer relaciones.

Igual que existe la imposibilidad de hablar por razones fisiológicas y orgánicas, las hay por motivos psicológicos. El mutismo puede tener como origen un estado catatónico, predisponiendo una rigidez muscular que repercute en la desconexión del entorno, aunque hay ejemplos de pérdida del habla relacionados con la ansiedad grave, episodios traumáticos y experiencias vitales extremas.

Hay niños —normalmente entre cuatro y diez años— que solo son capaces de hablar en entornos familiares y seguros, del mismo modo que ha empezado a estudiarse con rigor la alexitimia, una enfermedad hereditaria con agravantes psicológicos cuyo rasgo más inquietante consiste en que el paciente no encuentra palabras para expresar las emociones.

Distinto es el caso de los tartamudos. Y los problemas de fluidez que conducen a la repetición involuntaria de sílabas o de palabras. Suele acompañarse la patología de tics y de gestos nerviosos, incluso agravarse con el cansancio, el estrés o la exposición pública.

La tartamudez se revela en la infancia. Y lo hace más entre los varones que están aprendiendo a hablar, aunque el problema tiende a resolverse en la adolescencia, más todavía cuando se han perfeccionado las técnicas de logopedia, de respiración y de autoestima.

Tartamudear se interpreta como una tara, como una discapacidad que tiende a estigmatizarse, casi siempre estableciendo una relación automática entre la torpeza verbal y la intelectual. Bien abastecen el mito las referencias literarias, normalmente en sentido peyorativo y degradante, incluidas las escenas de *Madame Bovary*, *El Quijote* y *Tartufo*.

Hablar es una terapia cuyos beneficios provienen de la elaboración de la vivencia dolorosa. Evocarla y revivirla no implica un ejercicio morboso de victimismo. Traerla al presente, al contrario, contribuye a la construcción de una narración que la desprovee de intensidad emocional.

«Todas las formas de psicoterapia conversacional —subraya Rojas Marcos— se basan en una visión positiva del ser humano y de su capacidad para cambiar, con el objetivo de mejorar su bienestar emocional, su creatividad y su satisfacción con la vida. A través de la conversación, la psicoterapia nos empuja a conocernos mejor, a identificar las verdaderas motivaciones de nuestros actos y a aceptar la responsabilidad por nuestras decisiones. Al mismo tiempo, nos ayuda a encontrar explicaciones a nuestros comportamientos y a las experiencias que vivimos, en beneficio de la seguridad, de la autoestima y la autonomía»[5].

Se trata de validar el principio socrático de conocerse a sí mismo. Y de reparar en las relaciones estadísticas que existen entre la extroversión verbal y la longevidad. Las personas más comunicativas, abiertas, viven más tiempo que las introvertidas, entre otros motivos porque la ciencia nos ha confirmado el grado de comunicación que existe entre las neuronas cerebrales del lenguaje y las que controlan el sistema nervioso vegetativo, responsable a su vez de la regulación del ritmo cardiaco, la presión arterial, el apa-

---

[5] *Op. cit.*

rato digestivo, la secreción de hormonas y el sistema inmunológico.

Sostiene el Dr. Valentín Fuster —cardiólogo en el hospital neoyorquino Monte Sinaí— que la comunicación a través del habla reúne efectos saludables y protectores sobre el músculo cardiaco y las arterias que lo nutren y oxigenan, precisamente porque expresar con palabras las situaciones agobiantes y los momentos de angustia contribuye a la disminución de las pulsaciones y de la presión arterial.

Y no se trata solo de hablar, sino de plantear la conversación desde un enfoque positivo y optimista. Lo contrario puede convertir las palabras en veneno o en refuerzo y combustible de las conductas autodestructivas.

Hablan menos los varones que las mujeres, de acuerdo con los estudios de mayor enjundia. Y viven más las mujeres que los hombres, según consagran las evidencias estadísticas. ¿Puede establecerse una relación directa entre la primera categoría y la segunda? Probablemente sí. Partiendo de las diferencias biológicas de acuerdo con las cuales el cerebro femenino «recién nacido» ya tiene desarrolladas más áreas relacionadas con el lenguaje de cuanto sucede con el masculino.

Una mujer occidental articula diariamente 10.000 palabras más que un hombre. Y claro que existen otras pautas que explican la esperanza de vida superior de las hembras —menos predisposición a la violencia, ventajas genéticas, menor exposición al colesterol...—, pero la connotación benefactora de la conversación repercute en la salud, hasta el extremo de que las patologías derivadas del trastorno del lenguaje —afasia, tartamudeo— proliferan mucho más en el sexo masculino que en el femenino.

La soledad. Tiene sentido hablar de ella tomando como punto de partida un ensayo de la escritora galesa Fay Bound Alberti (*Una biografía de la soledad*, Alianza, 2022) que reflexiona sobre la «solitud», no desde la perspectiva metafísica ni voluntaria, sino desde la degradación impuesta por las condiciones de una sociedad a la vez insolidaria e individualista. Un problema nuclear en Occidente que tanto refleja el abandono de nuestros mayores como implica un problema sociocultural y económico. Porque la soledad es muy cara para los Estados prósperos a cuenta de la predisposición de la enfermedad de quienes la sufren. Apuntan las estadísticas británicas que las personas involuntariamente solas reúnen una esperanza de vida un 30 % inferior a las acompañadas. También se hospitalizan con más frecuencia y recurren en mayor medida a la medicación. Caros, pero al menos mueren pronto, podría decirse entre el sarcasmo y el cinismo de las autoridades competentes.

Y es verdad que Reino Unido fundó el Ministerio de la Soledad en 2018 en un ejercicio de realidad o de realismo, pero el problema sacude a todos los países desarrollados. Pongamos por caso la sociedad española. Aquí viven solas casi cinco millones de personas. O sea, que aproximadamente el 10 % de los hogares se definen en la estadística de un solo habitante. El libro de Fay Bound Alberti indaga en las razones. Empezando por el «neoliberalismo despiadado» de Margaret Thatcher, aunque ubica el nacimiento patológico de la soledad hacia el año 1800, cuando los primeros síntomas de la Revolución Industrial y el éxodo del campo a las ciudades predispuso la paradoja de la saturación y las almas solitarias. Puede decirse lo mismo de nuestra revolución tecnológica. Y de otra paradoja aún más sintomática. Estar solos horas y horas delante del ordenador conectados al mundo, pero al mismo tiempo aislados y expuestos al síndrome del individualismo, hipnotizados en la pantalla. Se observa a las personas solas con recelo y hasta con estigmas. Y cuesta trabajo aludir al problema sin plantearse otras cuestiones concomitantes como la longevidad. Vivimos demasiados años. O como la viudedad.

Hemos encontrado en las mascotas el placebo de la compañía. Y se han resentido nuestras sociedades de la carencia de los proyectos comunitarios, en el sentido más complejo de la vida en comunidad. Y no ayuda a corregir el problema el trastorno del coronavirus, más todavía cuando las recomendaciones sanitarias consistían en ponerse una mascarilla y vivir alejados del prójimo. La derecha ha matado a Dios y la izquierda ha matado la patria. No lo dice Fay Bound. Lo escribía nuestro colega Víctor Lapuente en un reciente ensayo —*Decálogo del buen ciudadano* (Península, 2021)— que aludía a la desestructuración de las sociedades no ya por culpa de la soledad, sino por la propagación del narcisismo y por haber sacrificado las metas trascendentes.

La inestabilidad de la célula familiar se inscribe en la misma patología. La fragilidad de los lazos conyugales, por ejemplo. Y las consecuencias de un descreimiento que convierte a los ciudadanos en huérfanos de Dios. No es tiempo para emular a los estilitas. Subirse a la columna con el cielo encapotado más bien parece una incitación al suicidio. Y no haremos aquí esta clase de apologías. Pero sí haremos un elogio radical de la misantropía. Una soledad voluntaria. Y un recelo hacia la sociedad no ya perfectamente justificado y justificable, sino ilustrativo de las mejores tradiciones —e imposturas— culturales. Pongamos por caso a Salinger o a Thomas Pynchon, enjaulados en sus búnkeres particulares. Y de tantos otros creadores huraños que se relacionaron con la sociedad no relacionándose con ella. Emily Dickinson únicamente se trataba con el prójimo si les separaba una cortina.

Vivimos solos en compañía de mucha gente, concluye el ensayo de Fay Bound. Una conducta —una patología social— que se ha radicalizado. Y cuyos síntomas ya aparecían en el estribillo de «Eleanor Rigby». La canción de los Beatles aludía a la soledad de una mujer como símbolo premonitorio de la epidemia que ha sobrevenido en nuestro tiempo y que ha extinguido a las columnas y a los estilitas. Habiendo matado a Dios, son los humanos quienes se endiosan en columnas de arcilla.

La soledad y la brecha generacional que identifican a las personas mayores explican que la lingüista Carlota de Benito decidiera aprender el dialecto suizo-alemán cuando trabajaba en la Universidad de Zúrich. No es que le interesara particularmente dominarlo, pero sus trayectos en el transporte público camino de casa o del centro académico se resentían de un problema de comunicación.

Los viejecitos se le acercaban para contarle cosas, como si les urgiera dirigirse a alguien más joven con quien compartir cualquier experiencia. Necesitaban socializar. Y advertían en la profesora De Benito una solución evidente. Porque no viajaba ensimismada en su teléfono móvil. Y porque se mostraba sensible a charlar.

El impedimento de las primeras ocasiones se fue desdibujando a medida que ella misma perfeccionaba el dialecto. No es fácil que lo vuelva a utilizar, pero resultó providencial en las relaciones sociales del autobús. Y puso delante de sus ojos hasta dónde el aislamiento tecnológico condiciona las conversaciones de jóvenes y mayores, como si los distanciara una barrera cultural y sociológica.

El fenómeno dice mucho de la desconexión generacional. Y de los recelos con que los nativos digitales observan la precariedad tecnológica de los mayores, sacrificando, a cambio, la experiencia de aprender otras cosas.

Es el mismo contexto en el que el sociólogo Ignacio Varela contaba una entrañable historia en los micrófonos del espacio de Onda Cero donde colaboraba los fines de semana (*Por fin no es lunes*): «El jueves subí a un autobús —contaba Varela—. Detrás de mí iba una señora más o menos de mi edad, y parece ser que en cierto momento se le bajó el pantalón. En el autobús viajábamos unas doce personas. Pues bien, el resto del viaje fue una conversación coral, amable y jocosa, sobre el problema de la señora con el pantalón.

Ella no tuvo inconveniente en contar alegremente que lo compró sin darse cuenta de que era una prenda para embarazadas. Salvo uno que iba de oyente (se admiten apuestas), ningún pasajero se abstuvo de darle algún consejo práctico. Unas le sugerían que se pusiera una cinta elástica por dentro del tejido, otros que se comprara unos tirantes, y el más práctico fue un ancianito que le dijo: "Señora, lo mejor es que engorde"».

—¿Y el pasajero silencioso qué hacía? —interpeló a Varela Jaime Cantizano.

—El pasajero silencioso se quitó los cascos donde iba escuchando *La Cultureta*[6] y pensó: he aquí una mujer que quizá pasa mucho tiempo sola y está encantada de ser protagonista por un rato. Puede que este sea su mejor momento del día.

---

[6] Espacio radiofónico cultural de Onda Cero.

VIII
Hablar sin hablar

El lenguaje hablado identifica una peculiaridad de los humanos cuyo origen es tan remoto como difícil de investigar. No existe la manera de documentar el origen del habla. Acaso puede conjeturarse que responde a una evolución de las onomatopeyas, aunque los especialistas no alcanzan a datar la edad en que fue sofisticándose nuestro aparato fonador. Tanto puede hablarse de 100.000 años como de 50.000 —o más lejos aún en la dimensión onomatopéyica—, pero no resulta viable establecer otra cosa que hipótesis especulativas. ¿Surgió la «palabra» como prolongación del gesto? ¿Lo hizo simultáneamente para enfatizar la comunicación? ¿O puede desvincularse la una (la palabra) del otro (el gesto) en el ámbito evolutivo?

La autonomía del lenguaje hablado respecto al gestual resolvería problemas tan evidentes como la comunicación nocturna o como la comunicación a distancia —no necesitamos que nos mire directamente nuestro interlocutor— pero pueden establecerse claros vínculos complementarios.

Los niños señalan antes de poder hablar, pero también se ayudan del recurso de las onomatopeyas, de los sonidos, en una singular coreografía de los métodos de comunicación cuyo origen se podría ubicar en el sudoeste de África.

Al menos si consideramos los resultados de una investigación liderada por Quentin Atkinson en la Universidad de Auckland (Nueva Zelanda), que enfatizaba la importancia de los fonemas en el continente africano respecto a los que se emplean en otras latitudes.

Los idiomas africanos alcanzan el centenar, mientras que la lengua de los hawaianos —territorio de tardía colonización— no rebasa los 13. Tal como explicaba el periodista científico Daniel Mediavilla en *El País*, la aparición del lenguaje moderno habría coincidido con una explosión de las capacidades cognitivas humanas poco antes del inicio de la migración. Entonces, unos humanos que ya eran anatómicamente modernos experimentaron un salto evolutivo en su intelecto que les dio capacidades completamente nuevas, algo que se observa en expresiones artísticas como las de Altamira o en el probable desplazamiento de los neandertales.

«Algunos investigadores del siglo pasado, como Claude Levi Strauss, mantenían que el lenguaje, tan diferente de las formas de comunicación animales, debía haber aparecido de repente en esta explosión y no como fruto de la evolución desde la articulación de sonidos en animales. Noam Chomsky, uno de los lingüistas más influyentes, también consideraba que el lenguaje es una capacidad exclusivamente humana y tan distinta que no se podría explicar por mecanismos evolutivos convencionales. Más adelante, otros científicos como Steven Pinker cambiaron esa tendencia y se comenzó a aceptar la posibilidad de que la combinación de cambios genéticos y selección natural a lo largo de millones de años podría dar lugar a una habilidad tan rara como el lenguaje»[1].

---

[1] Daniel Mediavilla, *El País*, 10 de agosto de 2015.

Lo que sí sabemos es que otros primates se comunican a través de los gestos, de las expresiones faciales, de la herramienta de los ojos. Y que los humanos mismos somos capaces de comunicarnos de manera compleja sin decir una sola palabra. El ejemplo más elocuente podemos hallarlo en el lenguaje de los sordomudos. Setenta millones de personas lo utilizan en el siglo XXI, valiéndose de los signos o de las señas —la nomenclatura representa una controversia entre especialistas—, aunque no puede hablarse de una «lengua» común. Existen 300 códigos o normas de comunicación diferentes. No hay un esperanto ni un idioma generalizado.

El primer tratado español data de 1620, bajo el título de *Reducción de las letras y Arte para enseñar a hablar los Mudos*. Lo escribió Juan de Pablo Bonet, un logopeda e investigador aragonés cuyo alfabeto manual predispuso las fórmulas de entendimiento no ya entre los sordomudos, sino en cualquier ciudadano «normal» que pretendiera comunicarse con ellos.

Es una prueba de la capacidad expresiva del ser humano y de los recursos que poseemos más allá del oído o de la voz, aunque el lenguaje no verbal forma parte de la idiosincrasia de nuestra especie. Y no solo antes de empezar a hablar o a escribir, sino en la edad contemporánea.

Podemos entendernos sin necesidad de abrir la boca. Los gestos, las señales, el movimiento de los párpados y el lenguaje corporal sobrentienden una enorme capacidad comunicativa, aunque no sucede igual en todas las culturas. La expresividad teatral de un italiano difiere de la economía gestual de un japonés. Y es verdad que los humanos acostumbramos a negar girando la cabeza de lado a lado, sea cual sea la latitud de la que provenimos, pero los búlgaros y los albaneses lo hacen al revés. Su forma de decir no consiste en mover la cabeza de abajo a arriba.

Semejantes peculiaridades se antojan compatibles con la adhesión o simpatía hacia un lenguaje universal no verbal que tanto identifica la fase de cortejo como desenmascara a los mentirosos. Los expertos de la disciplina se han convertido en peritos habituales o recurrentes de los platós televisivos y de los procesos judiciales. Contribuyen a interpretar la correspondencia del gesto y de la palabra. O la discrepancia, pues el testimonio verbal —semántico— de un sujeto puede colisionar con su lenguaje no verbal.

Es el contexto en que tiene sentido aludir a la sinergología®, una disciplina dentro del campo de la comunicación cuyas herramientas analizan, interpretan y codifican el lenguaje no verbal no consciente. El término híbrido —*syn* (estar juntos), *ergo* (activamente), *logos* (en comunicación)— hace justicia a una creación ochentera del profesor Philippe Turchet que aspiraba a indagar sobre la llamada proposición de Merhabian a propósito de la manera de comunicarnos: el 7 % del impacto de un mensaje se debe al lenguaje verbal, a las palabras, el 38 % al paralenguaje (entonación, volumen, dicción) y el 55 % a la comunicación no verbal. Y aunque esta «ecuación» plantee sus excepciones o acostumbre a medirse con otros baremos porcentuales, bien podría concluirse que hablamos más no hablando que hablando, de tal manera que la sofisticación de la palabra puede considerarse una proyección de nuestra gestualidad. O una manera de contrariarla, cuando incurrimos en las mentiras.

Se trata de un rasgo evolutivo que nos permite relacionarnos sin necesidad de «incurrir» en la solidez del lenguaje escrito o hablado, como si fuera una estructura preliminar o también como si se tratara de un metalenguaje.

Podría hacerse un catálogo de las normas de comportamiento social o comunitario que anteceden o rebasan la expresión oral. Nos estamos identificando, delatando, con nuestros gestos, movimientos, miradas y expresiones faciales. Así nos comunicábamos antes de aprender a hablar. Y lo seguimos haciendo provistos de nuevos recursos culturales, incluidos el atuendo, el maquillaje, el estatus social, los zapatos o el coche.

El lenguaje no verbal sirve para acercarnos, igual que hacía la primatóloga Jane Goodall con los chimpancés y los gorilas. La mejor manera de relacionarse con ellos consistía en imitar sus gestos y expresiones. Mover los brazos de manera similar, rascarse, morder la fruta a su manera.

Hacemos lo mismo los humanos entre nosotros para adaptarnos a los espacios de convivencia. O para expresar la discrepancia, más o menos como si formáramos parte del esquema animal que polariza el comportamiento en el péndulo del deseo, la apertura y la llamada, frente a la dinámica opuesta del miedo, la defensa y la agresión.

Igual que hacía Goodall con los primates, «nosotros» desarrollamos una suerte de comportamiento adaptativo a partir de las neuronas espejo. Fue el neurobiólogo italiano Giacomo Rizzolatti quien homologó la investigación en los años noventa. Y quien se percató de que la manera en que unas y otras especies —la humana entre ellas— activan determinadas neuronas cuando un individuo ejecuta una acción y cuando observa esa misma acción al ser ejecutada por otro individuo, especialmente un congénere.

Podría concluirse que estas neuronas desempeñan una función importante dentro de las capacidades cognitivas ligadas a la vida social, tales como la empatía (capacidad de ponerse en el lugar de otro) y la imitación.

Las neuronas espejo se encuentran en la corteza premotora y en el lóbulo parietal, de tal manera que se activan inmediatamente cuando nuestros ojos localizan o perciben un movimiento. Lo hacen para observar, comprender, interpretar y emular, pero también para detectar la sinceridad y la mentira.

Despertarían o engendrarían una suerte de telepatía, precisamente porque gracias a ellas alcanzamos un grado de comunicación de acuerdo con el cual respondemos a un bostezo con otro bostezo y a un tic con un tic, aunque los códigos antropológicos no solo se distinguen en la afinidad.

Ofrecemos nuestra posición frontal en situaciones de confianza. Nos colocamos de perfil o en posición de huida cuando observamos hostilidad.

Nos delata la manera de sonreír y de mirar. Nos desenmascara la postura abierta (o cerrada) de los brazos y de las piernas. Ladeamos el cuello cuando estamos en una situación confortable. Nos metemos las manos en los bolsillos en la situación contraria. O nos escudamos con los brazos.

Quiere decirse que estamos continuamente «hablando sin hablar», incluso cuando caminamos por la calle. Distinguimos también entonces el porte orgulloso del porte abrumado, el ciudadano seguro del inseguro, el extrovertido del introvertido, el hiperactivo del contemplativo.

Unos y otros ejemplos redundan en la idea abstracta de la complejidad cultural, pero también forman parte de las obligaciones y requisitos a las que nos exponemos cuando queremos tener una «conversación» adecuada. ¿Cómo deberíamos comportarnos de manera cordial y educada? He aquí algunos consejos básicos preliminares que facilitan la convivencia:

1. Mirar a los ojos. Sostener el contacto visual transmite seguridad, confianza, honestidad y transparencia. Da muestra del interés que se tiene al mo-

mento de comunicar una idea, sea en público o en espacios restringidos.

2. Conservar una postura equilibrada, estable. Ni abusar de la vehemencia gestual ni moderarse en exceso. Se trata de transmitir confianza. Brazos relajados, movimientos suaves con las manos. Sin invadir el espacio ajeno.
3. El gesto sereno, mejor un poco sonriente que duro o deprimido, pero nunca irónico ni impertinente. Buenas maneras. Hay que evitar la tensión, la gestualidad agresiva.
4. Cuidados en el aspecto y en la forma. Aseo elemental. Maquillaje moderado.

Las consignas son meras fórmulas de *bon ton* que se explican en la relevancia del lenguaje no verbal y que remarcan el sentido de comunidad que hemos construido los humanos a partir de la herencia de nuestros antecesores y desde las sucesivas construcciones culturales.

Nos estamos «proponiendo» sin necesidad de utilizar una palabra. Nuestra expresión denota la tristeza, el miedo, el asco, la alegría, la conmoción. Sostienen algunos antropólogos que el ser humano requiere de siete y quince segundos para generar la impresión de otra persona. Se trata de un proceso inconsciente, automático, que sucede en el sistema límbico, que compara las informaciones a partir de experiencias y que predispone las tres reacciones elementales delante de un peligro: bloquearse, huir, luchar.

Es el hábitat biológico en que intervienen las glándulas suprarrenales para proveernos de adrenalina y ponernos en situación reactiva —ritmo cardiaco, flujo de sangre—, de tal modo que sobreviene una relación directa entre los gestos y el estado de ánimo hasta extremos insospechados.

El profesor Paul Ekman[2] tiene probado que cuando un ser humano se entristece el cerebro interioriza la expresión y el estado de ánimo cambia para adaptarse a ella.

Por esa misma razón, el mero hecho de sonreír predispone una actitud positiva, aunque no estemos felices. Replegamos el cuerpo cuando nos sentimos inseguros, nos encorvamos, pero somos capaces de expandirnos y de engallarnos para incitar la sensación contraria.

Existen los macrogestos, es decir, la manera de comunicarse sin hablar con vehemencia y teatralidad, pero resultan más fascinantes los microgestos. Menos evidentes y al mismo tiempo más elocuentes de nuestro estado de ánimo. E incontrolables cuando entran en juego no ya el asco, el enfado, el miedo, la tristeza, la felicidad, la sorpresa y desprecio, sino además los derivados de la diversión, el desprecio, la pena, la ansiedad, la culpa, el orgullo, el alivio, la satisfacción, el placer y la vergüenza.

Saberlos reconocer nos permite predecir el comportamiento de nuestro interlocutor o la manera de reaccionar y tratarlo, aunque no son fáciles de dominar —ni activa ni pasivamente— porque se disuelven con gran rapidez. «Las investigaciones realizadas alrededor de las expresiones faciales muestran que las microexpresiones suceden debido a la activación al unísono de las respuestas emocionales voluntarias e involuntarias», explica la psicóloga canaria Guacimara Hernández Santana[3].

«Existen dos vías neuronales que median nuestra expresión facial, cada una de las cuales se origina en un área diferente de nuestro cerebro —añade—. El tracto pirami-

---

[2] Psicólogo estadounidense pionero en el estudio de las emociones y su expresión facial.

[3] *MundoPsicólogos*, 28 de octubre de 2021.

dal es el que impulsa las acciones faciales voluntarias y se origina en la franja motora cortical, mientras que el tracto extrapiramidal impulsa las expresiones emocionales que son involuntarias y se produce en las áreas subcorticales de nuestro cerebro.

Cuando las personas se encuentran ante situaciones intensamente emocionales pero necesitan controlar sus expresiones, activan ambos sistemas, que involucran un tira y afloja neuronal sobre el control de la cara, lo que hace que afloren las microexpresiones.

1. No se pueden evitar: las microexpresiones ocurren en todas las personas. Esto sucede porque no hay ninguna forma de evitarlas.
2. Ayudan a mejorar la inteligencia emocional: aprender a detectar estas pequeñas expresiones faciales puede ayudarnos a mejorar nuestras relaciones y a detectar los engaños o las malas intenciones que tienen los demás hacia nosotros.
3. Se manifiestan cuando se ocultan las emociones: las microexpresiones suelen manifestarse cuando alguien intenta ocultar sus emociones, de hecho la fuga de esa emoción a menudo será evidente en el rostro de esa persona.
4. Duración y fuga: los microgestos faciales pueden ser difíciles de reconocer y detectar ante los demás. Esto es debido a que suelen durar pocos segundos».

Sostiene el profesor Ekman que no hay manera de encubrir las microexpresiones por mucha maestría que pretendamos utilizar para domeñarlas. Y que él mismo, pionero de la disciplina que las homologa, es consciente de haber mediatizado las relaciones con el prójimo a través de su propia erudición y aplicación incorregible de la metodología. No hay manera de engañarle, pero tampoco de consolar su relación detectivesca o científica con el prójimo. Partiendo de estos patrones universales:

— La compresión de los labios sucede cuando la persona está pasando por un suceso que le produce negatividad.
— El hecho de taparse la boca con las manos, ya sea durante uno o varios segundos, puede indicar que el sujeto está mintiendo u ocultando información.
— Los brazos y piernas cerradas indican ocultamiento de información. En una situación cómoda, los individuos tienden a estirar más las extremidades.
— Si una persona roza o se toca el cuello, demuestra nerviosismo o ansiedad.
— Para identificar una expresión de sorpresa falsa, basta con observar durante cuánto tiempo emite signos de sorpresa (como abrir más la boca). Si esto dura más de un segundo, no es verdadera.
— El 99 % de los ciudadanos no perciben o traducen el lenguaje de las microexpresiones, pero el mismo porcentaje está capacitado para familiarizarse con la técnica detectivesca, como si pudiéramos convertirnos en agentes del FBI o en autoridades aeroportuarias. No conviene, en todo caso, convertir los minigestos en pruebas, sino aprovecharlos como una brecha de investigación.

«Supongamos —postula Ekman— que mi esposa ha sido encontrada asesinada en nuestro hotel. Yo sería el principal sospechoso, porque la mayoría de las esposas son asesinadas por sus maridos. ¿Cómo reaccionaría cuando la policía me interrogara? Mi comportamiento bien podría ser compatible con una emoción oculta. Eso podría ser porque fuese culpable. Pero también podría ser porque estuviese muy enfadado por ser sospechoso, pero tuviese miedo de mostrar mi ira porque sabía que podría hacer que la policía pensara que era culpable. Una microexpresión es solo una pequeña brecha; tienes que ampliarla, profundizarla, explorar más»[4].

MICROEXPRESIONES PARA MOSTRAR ALEGRÍA, ENFADO, TRISTEZA, MIEDO, ASCO, SORPRESA Y DESPRECIO

La teoría y práctica de Paul Ekman se ha encontrado con la oposición de ciertos ámbitos académicos. Le discuten la universalidad con que homologa los comportamientos

[4] Entrevista a *The Guardian*, 11 de mayo de 2009.

humanos sin distinción de etnias, culturas o civilizaciones. También se cuestiona —no es del todo culpa suya— que sus métodos se hayan utilizado en investigaciones policiales y procesos judiciales, llegándose a emplear como pruebas. Sucede lo mismo con el cribado de sospechosos en los aeropuertos estadounidenses, hasta el extremo de aplicárseles el método Ekman.

En realidad, no se ha encontrado ningún atributo psicológico particular que pueda usarse para describir una «personalidad» distintiva de los terroristas. La conexión entre cómo se mueve una persona y el hecho de que miente no es tan sencilla como se supone en la psicología «popular» cuando trata de revelarse lo que siente una persona a través de la gestualidad.

Y, al mismo tiempo, se antoja posible obtener la conexión entre las señales no verbales y el comportamiento emocional de una persona. Nos gustaría leer las emociones como el personaje principal de la serie de televisión *Miénteme*[5], pero ha de considerarse que la naturaleza de las emociones es mucho más delicada y confusa. Y que resulta tentador dejarse llevar por la frenología y la quiromancia cuando creamos automatismos interpretativos.

La profesora canadiense Lisa Barrett (Universidad de Northeastern) forma parte de las críticas más destacadas del «método Ekman» y sostiene que las emociones no responden a un fenómeno innato, sino que se aprenden y aprehenden a través de experiencias. Por esa razón difieren de una cultura a otra, de una persona a otra. ¿Cómo demostrarlo? En una serie de experimentos, un equipo de investigación viajó a Namibia para comprobar cómo una

---

[5] *Lie to me* (Fox), 2009-2013.

tribu aislada, los himba, reconocía rostros felices, tristes, temerosos, enojados, disgustados y neutrales.

Si bien no hubo complicaciones con las expresiones faciales positivas, los himba tendieron a mezclar expresiones negativas como disgusto o enojo. Cuando se realizaron experimentos en otras tribus, se obtuvieron resultados similares. Por lo tanto, concluyó Barrett, la forma en que explicamos las emociones es estereotipada para nuestra cultura: damos los mismos nombres a lo que en realidad tiene una naturaleza diferente.

El contraste de pareceres de una corriente investigativa y otra no contradice ciertos espacios de consenso. Aparentar un estado de ánimo lo favorece, para entendernos, aunque la complejidad de los procesos no puede disociarse ni de la psicología, ni de la cultura... ni de las hormonas. La testosterona y el cortisol «operan» en los terrenos respectivos de la seguridad y del estrés. Y en la manera de gestionarlos.

De hecho, los fenómenos químicos que nos «sacuden» confirman las intuiciones de aquellos investigadores pretéritos a quienes intrigaban las circunstancias de proximidad y de rechazo inmediatas entre los humanos.

Hablamos coloquialmente de tener buena o mala química precisamente para reflejar el estadio de la afinidad o de la discrepancia con nuestros congéneres. Ni siquiera hace falta abrir la boca para encontrarse cómodo o incómodo con alguien a quien nos acaban de presentar. Más todavía si interviene el proceso de atracción sexual.

«Los neurotransmisores específicos en el cerebro, como la dopamina y la vasopresina, crean lujuria y nos hacen centrarnos en esa persona: nos hacen anhelarlos, casi obsesionados con ellos —sostiene el psicólogo Limor Gottlieb—. Desde una perspectiva evolutiva, esta atracción inicial funciona para crear lazos de pareja, y es un primer paso importante en las relaciones antes de que se pueda formar un apego romántico»[6].

Según Gottlieb, estamos «biológicamente conectados» para enamorarnos a primera vista o, más bien, para sintonizar en una relación lujuriosa. Lo cual no es una garantía de posteridad (ni tampoco lo contrario). Las relaciones «reales» tienen mucho más que ver con la comunicación y el compromiso que con los fuegos artificiales de los primeros días. La atracción se construye a partir de la compatibilidad, y la compatibilidad tanto surge espontáneamente como puede crearse y trabajarse.

«La atracción por sí sola no puede garantizar el éxito de la relación a largo plazo», advierte Gottlieb, así que no conviene sobreestimar la pasión a expensas de la fiabilidad, la estabilidad y el afecto genuino. «Se trata de comprometerse con esa persona, priorizar la relación y la voluntad de hacer un esfuerzo continuo». El golpe de dopamina es solo el origen. Y la expresión mayúscula del vínculo químico.

El neurocientífico canadiense Paul Thagard precisa que las investigaciones sugieren que la química romántica tiene tres tipos de componentes: perceptuales, emocionales y conductuales; es decir, aquello que percibimos con los sentidos y nos permite formar una imagen mental, las emociones que dicha imagen mental nos provoca y, por último, los distintos comportamientos que derivan de las emociones. Y todo esto ocurre a través de cuatro mecanismos: representación, vinculación, coherencia y competencia, pero sin noticia del lenguaje verbal.

---

[6] Revista *Harper's Bazaar*, 23 de diciembre de 2023.

Tampoco lo necesitamos para ponernos a cortejar y escenificar la coreografía ritual del amor. Helen E. Fisher[7] caracteriza el comportamiento femenino desde la sonrisa moderada, la apertura de los ojos y el levantamiento de las cejas. El galanteo también incorpora el gesto de bajar los párpados, ladear la cabeza y desviar la mirada, del mismo modo que puede intervenir una risa nerviosa y la señal de cubrirse el rostro con las manos. Se trata de una secuencia innata, igual que ocurre con el varón cuando corteja con el pecho hacia adelante, se balancea y se yergue.

En el galanteo, buscamos llamar la atención, el reconocimiento, el contacto físico, la sincronía... y la charla, aunque reviste interés enfocarse en la elocuencia del lenguaje corporal, provistos como estamos de tantísimos mecanismos comunicativos. La mirada representa la prueba más sofisticada. No solo por lo que implica en términos de atención, sino por la expresividad de los ojos, la dilatación de la pupila, la coreografía de las cejas y de los párpados. Nada hay más evasivo que mirar al techo o dislocar el cuello en posición de huida. Nada hay más intimidatorio que abusar de una mirada intensa. Podemos amenazar con los ojos y hasta magrear al prójimo. Odiar y amar son los extremos del lenguaje ocular, igual que tocarse el cabello o morderse el labio redundan en los propósitos de seducir.

El ceremonial alude a la manera en que nos vestimos. Por los colores mismos, de los más agresivos a los más suaves. Por la elegancia y la provocación de la indumentaria. Y porque el esfuerzo dramatúrgico reconstruye un galanteo cuya versatilidad puede aplicarse de igual manera a las relaciones profesionales. Bien lo saben los expertos en re-

---

[7] *Anatomía del amor*, Anagrama, 2007.

cursos humanos. Y bien lo prueba el grado de perfeccionamiento psicológico que han adquirido a fuerza de entrevistar candidatos laborales.

Por esa razón proliferan los tratados de ayuda y de autoayuda con que pretende facilitarse la cualificación y porvenir de los aspirantes. Se les propone un manual de comportamiento que podríamos resumir en unas pautas bastante elementales en la formulación del lenguaje no verbal, en este caso de acuerdo con las recomendaciones de EDECA[8]:

1. *Prepara el entorno.* Debido a la transformación digital, cada vez es más habitual realizar las entrevistas vía Skype o alguna otra plataforma similar. Por ello, es importante que escojas un lugar tranquilo y ordenado, que te otorgue una imagen profesional.
2. *Puntualidad y saludo.* No llegues tarde. Pero tampoco con demasiada antelación. Lo ideal es llegar cinco o diez minutos antes. A la hora de saludar, da la mano con energía, de forma firme y sin brusquedad. Acompaña el saludo de una sonrisa que transmita confianza. El contacto corporal debe limitarse al saludo y a la despedida.
3. *Cuida tu imagen.* La primera impresión que das es muy importante. Digamos que es tu carta de presentación y que puede condicionar el resto de la entrevista. Intenta investigar antes y vestir acorde a la empresa. Evita ser demasiado extravagante y apuesta por algo discreto. Recuerda: menos es más. Eso sí, debes sentirte cómodo y seguro con lo que

[8] Centro de Estudios de Postgrado en Psicología y Educación.

llevas, ya que de manera contraria puedes mostrarte inseguro. Y qué decir de la higiene personal. Tienes que mostrarte aseado y limpio. Sin manchas.

4. *Vigila tu postura y el contacto visual.* La postura nos ayuda a transmitir seguridad, por ello has de procurar que sea correcta. Ocupa tu asiento sin recostarte en él y respeta la distancia con el entrevistador. Mantén tu espalda erguida y relajada. Respecto al contacto visual, procura mirar al frente a la persona que te está entrevistando. Desviar la mirada hacia elementos de la habitación puede transmitir desinterés, mientras que mirar hacia abajo puede denotar falta de confianza en uno mismo o timidez. ¿Y cómo pongo las piernas? Lo ideal es tenerlas juntas con los pies en el suelo, ya que cruzarlas denota inseguridad y estirarlas desinterés y prepotencia.
5. *Refuerza el mensaje con tus gestos.* Realizar gestos con las manos o la cabeza reforzará o complementará nuestro discurso. Además, transmitiremos más entusiasmo y confianza. Pero no solo podemos usarlos mientras hablamos. Asentir suavemente cuando la otra persona nos está hablando, manifestará una escucha activa e interés en lo que nos está diciendo. Hay que tener cuidado con ciertos gestos como apretar los puños, mirar el reloj, cruzar los brazos o esconderlos o tocarse mucho el pelo o la cara, ya que pueden indicar nerviosismo o falta de confianza. Así que evita estas prácticas de comunicación no verbal y no gesticules de manera exagerada.
6. *Sé sincero y natural y muestra seguridad.* Establece contacto visual y sonríe de forma agradable. Una sonrisa sincera y natural (importante) va a ser tu mejor aliada para transmitir seguridad, confianza

y empatía. Hace que resultes una persona positiva y alegre, por lo que se recomienda acompañar tanto el saludo como la despedida con una sonrisa. Cuidado. Esto no significa que tengas que estar toda la entrevista sonriendo, ya que podrías transmitir falta de seriedad y profesionalidad.

7. *Cuida los factores asociados al discurso*. La forma en cómo decimos nuestro discurso es muy importante también para que este sea más creíble o menos. Además, influye mucho en el interés o la motivación que muestras. Lo ideal es que el nivel de entusiasmo esté acorde con el contexto. Como consejo para cuidar la comunicación no verbal en la entrevista, intenta hablar con claridad, sin titubear, sin muletillas como «Ehh...» y sin precipitarte. Si hablas demasiado rápido, puedes mostrar ansiedad.

No basta una adecuada actitud y un dominio de la comunicación no verbal para obtener un puesto de trabajo, pero descuidarlos puede malograr las oportunidades sin necesidad de haber dicho una sola palabra, tanto por la información que ofrecemos de nosotros mismos como por el grado de expertizaje del «entomólogo» que tenemos delante.

Saben ellos mejor que nadie, por ejemplo, diferenciar las aptitudes cooperativas de los estilos competitivos. Estos últimos se caracterizan por la economía de la expresividad o por las técnicas de desestabilización. Se distrae al «adversario» con gestos de impaciencia o con expresiones de autoridad. Inclinar el cuerpo hacia adelante, por ejemplo. O sujetarse la nuca con las manos. O hacer esperar al interlocutor. O discriminarlo con la jerarquía de los asientos. O entonar bruscamente el discurso. O prorrumpir en movimientos desordenados. Es una manera de «negociar» que redunda en la arrogancia y que contradice las pautas sociales de las reuniones cooperativas. Se identifican en la cordialidad, en la mímesis de la gestualidad, en la sincronización del comportamiento, predisponiéndose una atmósfera propicia a los acuerdos sin llegarse a haber dicho nada relevante.

«Además del rasgo de cooperación-competición —escribe la profesora María Calvo del Brío[9]—, otra variante que influye es la asertividad. Consiste en afirmarse con claridad y suele emerger cuando existe seguridad (...). Se caracteriza por la mirada franca y directa, una expresión facial relajada y expresiva, una voz clara y firme, además de congruencia entre los gestos y contenido verbal. El comportamiento inhibido o pasivo, en cambio, está relacionado con la sumisión, el miedo o el nerviosismo. Se caracteriza por la mirada huidiza, una expresión facial sombría, la posición del cuerpo replegada sobre sí misma, distancia del otro, así como movimientos nerviosos. Puede acompañarse de gestos como la cabeza baja, llevarse las manos al rostro o al cabello, retorcerse las manos, rascarse la nuca, carraspear o parpadear en exceso».

Hablamos más con el cuerpo que con las palabras. El antropólogo y zoólogo Desmond Morris sostenía que la mejor manera de entender a un político consistía en bajar el volumen de su discurso y detenerse específicamente en los gestos y las expresiones. Es más sencillo reconocer así la verdad o la mentira. Y asegurarse de su credibilidad o de lo contrario a través de la puesta en escena, aunque decodificar la comunicación no verbal implica una tarea menos específica de cuanto nos proporcionan las palabras.

---

[9] *Comunicación no verbal para humanos curiosos*, editorial Almuzara, 2021.

Hay pericias judiciales —ya lo hemos apuntado— que tratan de desenmascarar a un reo mentiroso, pero muy rara vez se aceptan como pruebas, no ya por la preminencia del peso semántico, conceptual de la palabra, sino porque los gestos predisponen el terreno de la falsificación. Podemos fingir, engañar a través de ellos, sin olvidar que la comunicación no verbal aloja tantas expresiones universales —aplaudir, juntar las manos para rezar, levantar el índice y el corazón para formular la victoria— como derivadas o explicables en un determinado contexto, de una cultura o latitud distintas.

Sacar la lengua puede ser un gesto insultante u obsceno como puede reflejar una actitud de concentración. Lo vemos con los niños en las tareas matrices. Y lo prueba el ejemplo de Michael Jordan, cuya elocuencia «lingual» no consiste en ofender ni vejar a los rivales, sino en traducir en la pista una suerte de herencia familiar. Su abuelo y su padre acostumbraban a asomar la lengua en tareas que requerían especial atención.

Desmond Morris ha recorrido 91 países antes de ponerse a inventariar la manera en que los humanos nos comunicamos sin hablar. Y ha descubierto, por ejemplo, que los gestos se vuelven cada vez más extremos y exagerados a medida que prosperamos en Europa a través del Mediterráneo. Son más frecuentes y con mayor amplitud.

El sol extremo, como en el África magrebí, o el frío desproporcionado, como ocurre en el Norte, predispone la economía del cuerpo, sin olvidar que el mestizaje de la Europa meridional ha fomentado la expresividad del lenguaje no verbal como solución a las sucesivas barreras lingüísticas.

Los españoles somos un buen ejemplo de la promiscuidad cultural. Tanto hemos adquirido la gestualidad de la cultura grecolatina como nos ha influido la huella de los árabes —el abrazo proviene de la costumbre de tocarse para comprobar si el prójimo va armado—, por no hablar de las circunstancias y de las condiciones en que se desempeñó la colonización.

Cuenta Cristóbal Colón en el diario de su primer viaje a las Américas que la tripulación tuvo que recurrir a los gestos para entenderse con los indígenas del lugar. La comunicación no verbal fue el lazo decisivo y comunicativo para que ambas civilizaciones pudieran llevar a cabo un entendimiento más o menos efectivo. De hecho, en el *Arauco domado*, de Lope de Vega, llama la atención una escena muy dramática que expone la reacción del indígena Galvarino después de haber sido sometido al castigo de cortarle las manos: «Por embajador me envían, mas si las manos, hablando, ayudan tanto a la lengua, ¿cómo os hablaré sin manos?».

El conocimiento de una lengua extranjera no solo debería exigir el aprendizaje y enseñanza del sistema lingüístico, sino también el desentrañamiento de otros códigos no verbales. Aprender italiano, por ejemplo, debería implicar un acercamiento al inventario de recursos expresivos con que nuestros primos elaboran la comunicación. Es indisociable su gestualidad de su lenguaje.

Podríamos dividir a los humanos en las sociedades de contacto y las de no contacto. Pertenecemos los españoles a la primera categoría. Y tenemos una noción bastante expansiva del territorio, como lo demuestra la costumbre de colocarse al lado del vecino en la playa, independientemente de que haya mucha gente o no haya nadie.

Lo explica la profesora Dolores Soler en un estudio que profundiza sobre la idiosincrasia de los «ibéricos» respecto a la comunicación no verbal:

«El ciudadano español de a pie, su territorio individual necesario parece ser algo más exiguo que en otras culturas occidentales (los jubilados en los parques, sentados codo con codo, las mujeres paseando cogidas del brazo, los empujones y encontronazos callejeros o las colas en las que se observa menor distancia entre unos y otros). El miedo al roce, o simplemente a la proximidad, no parece haber invadido aún nuestras preocupaciones ni nuestros reflejos. De ahí la escasez de fórmulas de disculpa cuando "invadimos" el territorio ajeno: los omnipresentes *sorry, Entschuldigung, pardon*, etc., nos parecen a menudo ridículos e innecesarios y encuentran raras veces su equivalente en nuestro perdón, que no se oye con la misma frecuencia en idénticas situaciones de otras latitudes»[10].

Hablamos los españoles a nuestra manera también cuando no hablamos. Y se nos puede identificar por una serie de gestos o de señales característicos. Nos ha estudiado desde una perspectiva foránea la profesora italiana Maria Giovanna Monterubbianesi, autora de una tesis publicada por el Instituto Cervantes que sirve para radiografiarnos y cuyo prestigio se ha homologado en la cátedra de la Universidad de Granada.

«A nivel paralingüístico lo que más llama la atención en la forma de comunicar de los españoles es el timbre y tono alto de la voz, que en muchas otras culturas se confunde con enfado y hace que en muchos países se considere la actitud española como agresiva al hablar. Además el tempo es normalmente rápido, siempre teniendo en cuenta que existen diferencias dependiendo de la posición geográfica, del estado social y del contexto de uso»[11].

---

[10] 1er Congreso Internacional en la red sobre Interculturalidad y Educación.

[11] *Estudio de la Comunicación No Verbal en España* (2012).

¿Más pormenores? «La tendencia general de los españoles, como de todos los hablantes de culturas mediterráneas, a expresar sin miedo las emociones, hace que la risa, el llanto, el duelo como expresiones de sentimientos fuertes sean comunes y no se intenten esconder de alguna forma. Desde una perspectiva kinésica, los españoles utilizan mucho el cuerpo para comunicar. Los gestos, las maneras y las posturas (los tres elementos que componen la kinésica) tienen un papel importante en la comunicación, sobre todo con el objetivo de reforzar lo dicho».

No es todo. «En mi experiencia personal como extranjera, y gracias al estudio que estoy llevando a cabo para mi tesis doctoral, he podido notar que los españoles prefieren, en muchas ocasiones, hablar a través del lenguaje corporal más que con la lengua. Esto depende de una actitud general a querer preservar la propia imagen personal, evitando expresiones que podían comprometerles. En este sentido, los gestos, las expresiones de la cara y las maneras o las posturas ayudan a transmitir de forma más clara el mensaje que se prefieren expresar directamente con las palabras».

Maria Giovanna Monterubbianesi sostiene que entre los españoles —no podemos estar más de acuerdo— hay una tendencia general a restringir el espacio vital de los interlocutores hasta llegar a una cercanía «íntima» cuando en otras culturas le correspondería una distancia «personal», menos explícita. La comunicación entre españoles se define orientada al interlocutor. «Como los españoles y los italianos, los griegos y los pueblos del norte de África establecen un contacto directo a través de las miradas, de la postura trasversal del cuerpo que evita el enfrentamiento "cara a cara" y casi siempre un contacto físico (mano sobre el brazo o el hombro del interlocutor)».

Podría concluirse que los españoles utilizamos nuestro cuerpo y nuestros recursos gestuales para encubrir las palabras mismas, como si no existiera una verdadera correspondencia ente el movimiento y la semántica.

Somos los europeos que menos utilizamos el lenguaje verbal en las relaciones laborales, aunque no puede decirse que fuera un contexto laboral el que delató a Luis Rubiales, expresidente de la Real Federación Española de Fútbol, tocándose los genitales en la ceremonia de premios del Mundial que ganó España en Nueva Zelanda (2023), besando en la boca a Jenny Hermoso o sujetándole la cabeza con las dos manos en un gesto de vehemencia autoritaria que puso en alerta a los expertos.

Aparecieron, en efecto, los traductores de signos y de señales para darle a la polémica planetaria un enfoque complementario. ¿Cómo había que interpretar la charlatanería silenciosa de Rubiales?

El psiquiatra Rob Kominiarek, fundador del Alpha Male Medical Institute, explica que los hombres llegan a tocar sus partes íntimas, sea de manera consciente o inconscientemente, para demostrar el liderazgo de la manada, aunque el mismo gesto funciona como agente liberador de la oxitocina y contribuye a calmar los nervios en momentos de estrés y de efusividad.

Es la versión indulgente del episodio. La menos generosa implica que Rubiales impuso el beso a Hermoso sin dejarle salida. Y que sujetarle la cabeza impedía cualquier oportunidad de escapatoria. Por esas mismas razones, los extremos del lenguaje no verbal llegaron a los tribunales y demostraron que puede hacerse mucho daño sin necesidad de hablar.

Que se lo digan a los emperadores cuando condenaban a los gladiadores girando la muñeca con el pulgar hacia abajo.

IX
El tertuliano como categoría social y sofisticación del cuñadismo

La Tesorería General de la Seguridad Social sorprendió hace unos años a los profesionales de la comunicación con una misiva que los «degradaba» de artistas a tertulianos. Carecía de consecuencias administrativas la variación del rango, pero retrataba una doble anomalía. Que los tertulianos estuvieran antaño en el régimen general de artistas —será por la imaginación o por la creatividad— y que se les definiera semánticamente en cuanto tales, «tertulianos», otorgaba un énfasis burocrático a una figura controvertida y ubicua entre los iconos de la sociedad contemporánea.

Porque no se explica la parrilla televisiva o radiofónica sin la tertulia. Ni se explica tampoco, en un juego de espejos, la realidad política. Los platós han sustituido el eje de la actividad parlamentaria, precisamente porque las referencias emergentes del recambio —Albert Rivera o Pablo Iglesias, ambas carbonizadas o reducidas a escombros— surgieron cuando no estaban representados en el Congreso de los Diputados pero sí formaron parte esencial del nuevo escenario político gracias al espectáculo de la televisión, igual que luego sucedió con Santiago Abascal y la cuadrilla de Vox.

La tertulia se ha multiplicado en sus horarios y en su repercusión porque compagina el entusiasmo de la audiencia con la ventaja de un presupuesto bastante reducido. Es una fórmula eterna de crisis expuesta al interés que suscita la actualidad, por mucho que la credibilidad de la fórmula se resienta de la refriega, de la cultura del espectáculo, del cainismo ibérico y de la impepinable «todología».

Todología. He aquí el neologismo y la maldición que arrastran los opinadores polifacéticos o los «opiniatras», aunque algunos de ellos se apresuran a avalar su posición con el crédito que le concede el mando a distancia de los espectadores.

Insistiendo incluso en que el tertuliano que sobrevive en el espacio y en el tiempo lo hace dotado de una capacidad evolutiva, casi darwinista, frente a la voracidad que oponen las cámaras.

La tertulia prolifera y se extiende por el hecho de que a la sociedad le interesa la política. Más aún cuando la crisis económica y la aparición de los nuevos partidos vitalizaron la pasión del debate. Y polarizaron la sociedad, como sucedió después con la crisis del independentismo catalán.

El 1-O, sus antecedentes y sus secuelas conjugaron la tormenta perfecta de la crispación. Y no solo por el juego de antagonismos habitual —izquierda contra derecha—, sino además por la oposición de nacionalismo catalán y nacionalismo español, representados el uno y el otro en una coreografía de panelistas que trasladaban a los platós la tensión que se sustanciaba en la calle.

No vale cualquiera para desempeñar este trabajo. Tienes que gustarle a la cámara, rellenar la pantalla, saber argumentar. Y asumir el principio de antagonismo en una sociedad de raigambre cainita.

Las reglas del juego implícitas en la cortesía de la mañana —casi siempre— se desquician en el *prime time*. No es sencillo competir con las películas, los partidos de fútbol ni los *shows* convencionales en horarios de máxima audiencia, de forma que el reclamo de los fuegos artificiales dialécticos deriva la información a la pista central del infoespectáculo.

Es el contexto en que merece evocarse el fenómeno que supuso la irrupción de *La Noria* (2007-2012), un espacio de debate emitido en Tele 5 que alcanzó imponentes cuotas de *share* (20 %) y de oposición dialéctica extrema.

Para lograr audiencia, son necesarias la confrontación, la distancia ideológica, la crispación. Una buena tertulia, en términos de *share*, requiere que el tertuliano sea en sí mismo un personaje reconocible, identificable, y que la bronca, de una manera u otra, retrate el maniqueísmo de las dos Españas, de los dos bandos.

La perspectiva no contradice que la política y la economía hayan reanimado la atención de la opinión pública hacia debates que antaño eran minoritarios o se observaban desde una cierta lejanía. De otro modo, no hubieran aparecido espacios televisivos de análisis y discusión a mediodía que concentran la audiencia de las amas de casa, los desempleados y los jubilados.

El más consistente lo conduce en La Sexta Antonio García Ferreras, protagonista de una evolución de la audiencia —del 2 % embrionario hasta el récord del 20 %— indisociable de las pruebas al hilo de las cuales estamos viviendo una «segunda transición».

Es la manera de acuñar una suerte de novedad sociológica que cuestiona el mito del bipartidismo y que traslada a los platós la pasión política de la calle. Se diría que la sociedad estaba cambiando, que había un magma cada vez más alejado de las fuerzas políticas convencionales. Y está claro que el 15-M fue un momento cualitativo capital. Esa sociedad no tenía muchos caminos para expresarse.

La Sexta fue uno de ellos, hasta el extremo de que García Ferreras alistó como tertulianos a Pablo Iglesias (*La Sexta Noche*) y Tania Sánchez (*Al Rojo Vivo*). Ambos se habían batido en un ámbito mediático marginal, pero la repercusión en las cadenas generalistas los convirtió en figuras hegemónicas de la renovación mediática, como luego hicieron las estrellas de Vox.

No se explica la carrera política de nuestros nuevos actores sin la televisión. Pero no se explica solo por la televisión, cuyas fauces han devorado personajes efímeros en esa lógica de «la ley del más fuerte» que ha malogrado a muchos aspirantes.

Iglesias protagonizó el salto de la televisión a la política. Y no al revés. Anunció su candidatura a las elecciones europeas en la tertulia de mediodía de Jesús Cintora (Cuatro), aunque la maniobra —enero de 2014— se observó y hasta se despreció con escepticismo. Pedro Arriola, consejero del presidente Mariano Rajoy, caricaturizó a Podemos como un autobús de friquis. Y las fuerzas políticas convencionales se adhirieron al mensaje de silenciarlos, ignorando las otras escapatorias.

Lograba *La Sexta Noche* —debate que se emitía los sábados por la noche— un hito de 16 % de cuota —2,1 millones de espectadores— con la presencia de Iglesias en una velada de enero de 2015.

Podemos colonizaba los platós con la excepción excluyente de TVE, del mismo modo que Ciudadanos asumía como primer mandamiento del «sorpasso» la consigna que presidía uno de sus despachos del Parlament: «La política se hace en televisión. Vayamos a las televisiones».

Albert Rivera se responsabilizó del eslogan. Se multiplicó hasta la ubicuidad. Y despertó la inquietud de los partidos convencionales, hasta entonces representados por los tertulianos infiltrados —periodistas de cuota que trasladan una consigna partidista— y adormecidos en las convenciones mediáticas.

Tomaron nota los partidos clásicos. Y desplegaron sus recursos más novedosos para trasladar a la gran televisión los pequeños debates que se malograban en el Parlamento. Pablo Casado nunca hubiera alcanzado los honores (efímeros) de la presidencia del PP sin haberse forjado en los platós y en los programas de mayor audiencia, reivindicando él mismo la importancia del relevo generacional.

La propia Isabel Díaz Ayuso se probó en los programas de tertulia cuando era una cobaya de Casado y parecía remota la posibilidad del liderazgo. Los platós de televisión le permitieron explorar su carisma, su condición de política genuina, su originalidad frente a los discursos convencionales.

El termómetro de la opinión pública identificó inmediatamente sus capacidades comunicadoras, muchas veces suscribiendo y ejerciendo un populismo que define su idiosincrasia contemporánea. Nadie ni nada mejor que la audiencia para medir el impacto de un discurso y la eficacia de los mensajes simplificados.

La nueva estrategia del PP pretendía recuperar el terreno cedido y se generalizó la «epidemia» del político tertuliano. Lo hizo Esperanza Aguirre en Tele 5, igual que le sucedió a Cristina Cifuentes en diferentes programas del espectro audiovisual. Los expolíticos han encontrado en la tele un nuevo camino de expresión y de supervivencia.

Consciente del intrusismo, Carlos Alsina, director de *Mas de uno*, eludió recurrir al híbrido del tertuliano-político. Incluso rechazó incorporar a su antigua tertulia económica de *La Brújula* una recomendación del PSOE que entonces podía considerarse balbuceante: Pedro Sánchez.

Y no se arrepiente. Porque es una evidencia que el político-tertuliano acude al estudio para colocar un mensaje electoral, y que todo su argumentario se expone a las dudas de ese mismo enfoque partidista.

Una buena tertulia debe tener a protagonistas instruidos, que se sepan los temas y que no teman ni discrepar ni coincidir. Esa es la idea de la pluralidad que defiende Alsina. No tener cuatro voces distintas, sino capaces de mantener un debate atractivo, en la forma y en el fondo, dentro de la cordialidad y del respeto.

Tiene sentido, por tanto, diferenciar la tertulia radiofónica de la televisiva. Aquella se diferencia de la segunda por cuestiones de ritmo y hasta de sobriedad. No hay que maquillarse para apuntalar al personaje. Ni es necesario concentrar el mensaje en una cuestión de segundos.

Podría decirse que el oyente es más exigente que el televidente. Y que la televisión depende mucho más de la tiranía de las audiencias de cuanto les sucede a las emisoras. No ya por diferencias conceptuales ni por los perfiles de los respectivos públicos, sino porque los sistemas de medición adquieren una precisión en el caso de las cadenas de televisión de la que carecen las radios.

El audímetro define la audiencia al minuto, entretanto que las emisoras radiofónicas responden cada tres meses a un Estudio General de Medios cuyos resultados rara vez se observan con valor científico. El EGM es una encuesta, un sistema de análisis voluntarioso y orientativo, mientras que las «teles» dependen del minuto a minuto con una precisión que condiciona los contenidos.

No hasta el extremo de haber malogrado las tertulias. Todas las televisiones dependen de ellas. Todas las radios las han convertido en contenido neurálgico, como si ninguna cadena se atreviera a prescindir de ellas. Una fórmula segura. Y una extrapolación estilizada de las reuniones de amigos, aunque se le atribuya a los tertulianos mayor profesionalidad en el tratamiento de los asuntos.

Se les llama panelistas en América Latina. Y se les denomina tertulianos en Celtiberia como una derivada de la locuacidad de Quinto Septimio Florente Tertuliano (160-220), a quien también se le atribuyen conocimientos polifacéticos, frases lapidarias y aforismos de enorme fertilidad.

Lo mencionaba un comentario editorial de *ABC* cuando el tertuliaje no había llegado tan lejos en el acaparamiento de la parrilla. Y cuando sobrevino un debate terminológico que merece la pena evocar por la militancia de sus protagonistas.

> Discrepan dos maestros, a saber: Francisco Umbral y Amando de Miguel, acerca del nombre que se debe dar a los miembros, más o menos habituales, de una tertulia. Umbral defiende el uso de la palabra «contertulio» y por el contrario Amando de Miguel aboga por el de «tertuliano», y trae en su apoyo algunas citas del *Diccionario de Autoridades*, una de ellas en verso. «Y entraron los Tertulianos, rigidísimos jueces, que sedientos de Aganipe, se enjuagan pero no beben». Aclara Amando que Aganipe es la fuente donde beben las musas, y viene bien la aclaración porque los jóvenes ingenios de hoy habrán pensado, si han leído los versos, que Aganipe es la marca de una litrona. No revela, en cambio, el nombre del autor, que es Luis de Ulloa (...).
>
> Pero, bueno, ¿quién tiene razón aquí, Umbral con su contertulio o Amando de Miguel con su tertuliano? En

cuestiones de semántica imaginativa, yo le daría la razón a Umbral, y en las de filología científica a Amando de Miguel. Pero he aquí la sabia opinión de Corominas, que yo pongo sobre mi cabeza: «Tertuliano, hoy, va quedando desusado en beneficio de tertulio o más bien contertulio». O sea, que Umbral está al loro. Además, a muchos habituales iletrados de nuestras tertulias les va más la ironía de los tres cicerones que la sabiduría del severísimo Padre de la Iglesia[12].

Sabihondo o sabiondo es una buena manera de catalogar al contertulio o al tertuliano. Y de relativizar los conocimientos que los profesionales de la opinión aportan en sus digresiones, sobre todo cuando su misión profesional o mercenaria no consiste tanto en exponer un punto de vista como en divulgar la consigna de un partido.

Podría decirse incluso que las tertulias —y su prestigio— se resienten de la que podría llamarse la composición de los tres tercios. Uno de ellos lo representan los periodistas u opinadores íntegros y honestos. No quiere ello decir que siempre acierten en sus declaraciones, pero no responden al argumentario de una formación política ni a las filtraciones inducidas de un grupo de poder.

Es fácil reconocerlos porque sus comentarios no resultan previsibles o lo son menos de cuantos proliferan entre sus camaradas. Podrían identificarse en la categoría de los «no alineados». Y no por falta de convicciones, ni de ideas ni de principios, ni tampoco por responder a la equidistancia, sino porque eluden las posiciones militantes y las derivadas aguerridas que muchas veces exige el modelo de la polarización.

---

[12] *ABC*, 26 de enero de 2002.

La segunda categoría la conforman los tertulianos corporativos. Los amiguetes. Los opiniatras cuya proyección profesional responde a las conexiones personales y a las coberturas gremiales. Su posición y su carrera obedecen a las buenas relaciones y a la docilidad empresarial. Asumen posiciones de grupo, de corporación. Y reaccionan con entusiasmo a la línea editorial que se les recomiende, conscientes, como son, de los motivos que los mantienen en la célula de panelistas.

La tercera categoría corresponde a las imposiciones de los partidos políticos. Más o menos como si los tertulianos en cuestión fueran los infiltrados y los portavoces implícitos de las consignas que deben trasladarse a la opinión pública. Más fuerza y poder tiene un partido, más consigue intervenir las tertulias y los debates con soldados o mercenarios perfectamente entrenados.

Sucede en la radio y en la televisión públicas, y se nota particularmente en los cambios de Gobierno —cribas ejemplarizantes a beneficio de los tertulianos afines—, pero lo mismo podría decirse de los medios privados, no ya cuando coinciden los intereses político-mediáticos, sino también cuando están en juego las concesiones administrativas, los objetivos comerciales y hasta los modelos de supervivencia a uso en nuestros tiempos.

Quiere decirse que la evidencia de una prensa frágil y des-empoderada como la que nos caracteriza —la caída de los medios escritos, la incertidumbre del modelo televisivo, el intrusismo, el distanciamiento de las nuevas generaciones respecto a los hábitos de información convencionales— predispone el abuso de la clase política y empresarial. Y exagera también la presencia de tertulianos prefabricados, naturalmente a expensas de la integridad del debate y de la credibilidad de los programas.

No parecen expuestos a la agonía ni a la extinción. Pocas fórmulas mediáticas resultan más asequibles económicamente de cuanto pueda serlo una mesa de tertulianos, más todavía cuando la polarización de la vida pública y política predispone la beligerancia y la tensión antagonista.

El deporte nacional del cainismo suscribe la vigencia de la tertulia desquiciada. Pesan más los decibelios que las ideas. Prevalece la altisonancia sobre la reflexión, aunque el fenómeno de la tertulia también ha engendrado la tertulia polifónica. Es decir, aquella reunión de conversadores estrictamente afines que se caracteriza por la unanimidad de los criterios.

Sucede en las emisoras y cadenas más orientadas a la izquierda de la izquierda y más significadas a la derecha de la derecha. Pesan poco en la opinión pública general e influyen aún menos, pero también formalizan el dogmatismo de los extremos como si necesitaran confortarse a sí mismos.

Es un buen ejemplo de las contradicciones que caracterizan las sociedades abiertas. Hay mejores y más oportunidades que nunca para documentarse, informarse y crearse una opinión, pero la expectativa de la pluralidad se resiente de la tendencia a asegurar las propias ideas. Y a buscar en los medios informativos a los mejores portavoces de la propia cosmovisión.

Lo explicaba Sergio del Molino en un artículo publicado en la revista *Ethic*: «Ojalá mucha más gente supiera discutir. Ojalá este gusto tan ibérico por la tertulia se tradujese en una sociedad más proclive a la conversación y menos a la consigna. Ojalá aprendiéramos en la escuela las armas retóricas del lugar común (que, en la oratoria clásica, no era un cliché de charlatanes, sino una herramienta del buen constructor de discursos, que permitía memorizar grandes parlamentos sin recurrir a textos), pero también las de la escucha, pues solo escuchando atentamente al otro se le puede rebatir. Así no tendríamos este bosque de monólogos sordos y la propia discusión nos llevaría a sitios interesantes e incluso placenteros. Ojalá no creyéramos que tenemos razón antes de salir de casa, sino que saliéramos con la voluntad de defenderla y la disposición generosa para perderla si otros son capaces de quitárnosla»[13].

La identificación con tal o cual opinador establece vínculos de intensidad muy propicios a los rasgos de liderazgo y de estrellato con que se observan a sí mismos algunos tertulianos, más o menos como si su trabajo se hubiera convertido en una misión y como si hubiera aceptado el secuestro de las redes sociales, cuya sed de extremismo y beligerancia redunda en la concepción del gran espectáculo.

La tertulia opera en todas las cadenas y en todas las emisoras. Las públicas y las privadas. Las grandes y las pequeñas. Las hay deportivas y del corazón. Políticas y culturales. De madrugada y al amanecer. Incluso han aparecido en programas de máxima repercusión que no las habían observado.

Es el caso de *El Hormiguero*. La irrupción de la pandemia predispuso un cambio en la escaleta del programa más popular de la televisión española, precisamente porque las restricciones sanitarias impedían el desplazamiento y la presencia de los invitados estelares.

Pablo Motos los convocaba por conexiones *online*, pero las entrevistas se resentían de la distancia y de los

---

[13] Abril de 2024.

desajustes técnicos. Tampoco había público ni el calor de los aplausos, de tal manera que el programa improvisó la idea de las tertulias.

Las había de humor, de sociedad y de política. Y vino a demostrarse un éxito de audiencia, con el mérito que suponía eludir las tentaciones de la crispación y de los antagonismos.

Se trataba de respetar la idiosincrasia de *El Hormiguero* en su naturaleza de programa familiar y amable. Se metían los tertulianos en los hogares cuando más arreciaba el confinamiento. Y la tensión del directo redundaba en la vitalidad de la experiencia.

Validaban los espectadores la fórmula de la pandemia, pero sucede que las tertulias se han «instalado» en la escaleta contemporánea como una prueba de su relevancia mediática y sociológica delante de millones de espectadores.

Directo y *prime time* nocturno. Las coordenadas de la tertulia más vista de la televisión enfatizan la vigencia del género en la modalidad más «tolerante» y en todas las variaciones imaginables.

Lo demuestra la repercusión de la tertulia deportiva de *Jugones* (La Sexta), aunque el inventario también incluye los programas de misterio de Iker Jiménez (Cuatro) y hasta la categoría de la tertulia protagonizada exclusivamente por… políticos.

Es la variante que puso en órbita la cadena SER con Carmen Calvo, Pablo Iglesias y García Margallo. Y la solución que encontró el programa *Mañaneros* (TVE) bajo la dirección de Jaime Cantizano. Era el hábitat en que se reunían y conversaban diferentes personalidades de la escena nacional, entre retiradas (Carolina Bescansa, Begoña Villacís), menos activas de cuanto lo fueron (Fernández

Vara, Juan Ignacio Zoido) y en plenas funciones (Juan Lobato).

Se trataba de trasladar la cámara a las cámaras. Y de perfilar las posibilidades de un género que reúne las condiciones sociológicas para eternizarse, no digamos después de haberse engendrado las dinámicas de crispación.

No hacemos otra cosa que retrotraernos al cuadro de Goya *Riña a garrotazos*, un español de sangre espesa que pelea contra otro español de sangre espesa, sepultados ambos de barro hasta las pantorrillas como alegoría del inmovilismo y del antagonismo.

Un inciso: manual de supervivencia

¿Pero los tertulianos vais en metro? Fue esta la actitud estupefacta con que me abordó un viandante en un vagón de la Línea 3 madrileña. Había sido identificado —más por la estirpe que por el nombre— y le había sorprendido al interlocutor que mi fortuna no alcanzara a permitirme un coche y un chófer postineros.

Tanto se nos ve o se nos padece en televisión —y en la radio— que los tertulianos parecemos en el imaginario colectivo como gentes de dinero. Y no niego que las haya en el gremio, pero no será por los emolumentos que proporciona el oficio en los tiempos actuales.

Que son los tiempos de la crisis y del esfuerzo presupuestario con que las radios y las televisiones han encontrado en nosotros, los tertulianos, un recurso inapreciable para plantear debates, sobreactuarlos y consumir horas de emisión.

Y no es cuestión de lamentarse, pero este victimismo y estas lágrimas de aligátor me parecen un recurso providencial para despecharme —despecharnos— del desprestigio que padecemos, tantas veces a cuenta de la todología y la vocinglería.

Parecemos equilibristas de la actualidad en un circo de cuatro pistas, pero nuestro funambulismo se antoja menos expuesto cuando accedemos a la clave de wifi del plató. Es la red en sentido tecnológico y es nuestra red en sentido material, gracias a las facultades ilimitadas de un Ipad.

Por eso los tertulianos lo custodian como a un amuleto común. Tan común como todas esas expresiones de repertorio que el «profesional» termina manejando en las exigencias de la refriega:

> «Te niego la mayor».
> «Déjame terminar. Yo no te he interrumpido».
> «Me llama poderosamente la atención».
> «Dicho lo cual».

El tertuliano es un depredador de la palabra. Se apodera del micrófono en el desliz de una milésima de silencio. Y es capaz de no ruborizarse cuando el debate oscila de Siria al bádminton o del Vaticano al último disco de Madonna. Que nunca es el último.

Pero tenemos cualidades sobrenaturales. Nunca enfermamos, por ejemplo. Y hemos demostrado la proeza de la ubicuidad o de la bilocación. No solo estando a la vez en dos programas distintos, sino sosteniendo argumentos contradictorios sobre el mismo asunto.

Quinto Septimio Florente Tertuliano fue un maestro de la dialéctica y un eximio Padre de la Iglesia. Le hemos secuestrado el nombre y lo hemos profanado, pero uno se siente más allegado a la santidad laica de Indro Montanelli, entre cuyos aforismos urge anteponer que «un periodista es un océano de sabiduría con un centímetro de profundidad». Y quien dice periodista, dice tertuliano.

La radio es el embrión de la tertulia tal como la conocemos en nuestro tiempo. Es verdad que la televisión había patentado la fórmula de *La Clave* en la era de José Luis Balbín sin restricciones al tiempo ni a la nicotina, pero la prolongación actual de aquel producto, definida entre los extremos ideológicos que van desde la televisión podemista a los espacios de 13TV, proviene de una idea que Fernando Ónega concibió en *Hora 25* —Cadena Ser— como repunte de análisis a la información convencional:

«Nos reunimos a almorzar todos los jueves (...) con alguna personalidad, preferentemente política (...). Hubo un jueves que, cuando ya estábamos sentados, el invitado nos falla y nos quedamos solamente los periodistas. Y yo estaba oyendo lo que hablaban los periodistas y me dije "esto es fantástico", es que es mucho más interesante que con el invitado, lo que cuentan estas lenguas viperinas, esto hay que llevarlo a la radio. Me fui a la radio y se lo conté al jefe de programas, pero no lo vio».

Así nació en 1984 *La trastienda*, un espacio más informal donde los periodistas hablaban con cierta desinhibición, ignorando probablemente que su conversación delante de los micrófonos estilizaba o sofisticaba el fenómeno de la charla del bar, estableciéndose por añadidura un camino de identificación con la audiencia, incluso una sintonía sociológica: ¿Con quién vas?

Y ese espíritu todavía sobrevive en la radio. La radio se ha demostrado insustituible porque sigue haciendo compañía. Y la tertulia ha alcanzado su máxima expresión porque nunca como ahora la gente ha sentido tan cercanos los problemas económicos, políticos, sanitarios.

Hemos aprendido a descubrir cómo nos afecta la pandemia. Hemos sido conscientes de cuánto puede concernirnos la crisis territorial catalana. Y se han ido incorporando los profesionales que mejor nos podían explicar nuestras incertidumbres. Sin necesidad de perder un cierto sosiego. Con más razón cuando el día ya ha terminado y se busca un poco de reflexión.

No fue sencilla la mutación de la fórmula radiofónica a la televisiva. Montse Domínguez, antigua directora de *La mirada crítica* (Tele 5) y de *El ruedo ibérico* (Antena 3), reconoce que tuvo que hacerse un gran esfuerzo de medios y de ideas para evitar que la tertulia «catódica» fuera una radio en color, la mera extrapolación de un medio y concepto ajenos.

Hubo de dotarse de conexiones, de recursos, de personalidad televisiva, de tal manera que la tertulia podía ser una fórmula con idiosincrasia propia. De otro modo, no se explica la larga vida que acompañó hasta 2023 al duelo matinal de Ana Rosa Quintana y de Susana Griso, periodistas franquicia de Tele 5 y de Antena 3, en una competición que resultaría inconcebible sin la contribución de los tertulianos.

La tertulia, a semejanza de una corrala más o menos sofisticada, es el hábitat donde se dirimen los asuntos que más nos importan, y donde se sujeta buena parte de la efervescencia de la opinión pública. Se ha ido produciendo un proceso de perfeccionamiento. En los profesionales del medio. Y en los políticos también. Por no hablar de la irrupción de los expertos.

Sostiene el profesor Rodríguez Braun que el mejor amigo del hombre es el chivo… expiatorio. Y no es cuestión de cuestionar su criterio, pero tiene sentido hacerlo porque todo hace indicar que el mejor amigo del hombre es el experto.

Puede recurrirse a cualquiera de ellos para sostener una posición y la contraria. Para esconderse. Para justificarse. Para eludir la responsabilidad. O para vanagloriarse. Lo hacen nuestros Gobiernos sistemáticamente.

Los mismos expertos que bendijeron las aglomeraciones del 8-M son los que luego aconsejaron cerrar el país. La mascarilla mutó de superflua a imprescindible y de imprescindible a superflua. Y no es culpa suya, de los expertos, la contradicción, pero sí es responsabilidad del Gobierno atribuir a la abstracción de los expertos las decisiones más impopulares y los mayores errores.

Hay un libro de Philip Tetlock[14] que tiene muy calados a los expertos. Ha estudiado sus predicciones, profecías y cálculos en grandes términos estadísticos y cualitativos, para terminar concluyendo que el acierto de los expertos equivale al resultado que proporcionaría el azar.

O sea, que los expertos aciertan tanto como se equivocan, probándose, por añadidura, que existe una inquietante relación inversa entre lo bien que los expertos creen que están haciendo su trabajo y lo bien que realmente lo están haciendo. Muchas veces esclavos de un aforismo de George Eliot: «De todas las formas de error, la profecía me parece la más gratuita».

Pongamos, pues, un experto en la mesa. El Gobierno y las administraciones lo hacen continuamente. Y no se trata de desconfiar de los expertos, sino de desconfiar de un Ejecutivo que los utiliza como chivos expiatorios, de tal manera que igual sí tiene razón el profesor Rodríguez Braun cuando dice que el chivo expiatorio es el mejor amigo del hombre.

---

[14] *El juicio político de los expertos*, Capitán Swing, 2016.

Más se acerca un programa al *prime time*, más tiende a forzarse la línea roja del infoespectáculo. No digamos si hay público en el plató y se establece una dramaturgia de la confrontación, pero se diría que los debates donde prepondera el análisis sobre la opinión significan un estímulo a la pluralidad informativa y al enriquecimiento de la sociedad, independientemente de las zonas oscuras y de los personajes que intoxican la cordura.

Es el contexto en el que el periodista Juan Cruz llevó a cabo un experimento doméstico. Descubrió que, bajando el volumen del televisor, únicamente se percibía que los tertulianos se estaban peleando o se estaban riendo. Era una manera de degradar el oficio del periodista, no ya constreñido a opinar, sino a sobre-opinar, de forma que la opinión está adquiriendo una proporción desmedida en nuestras obligaciones como periodistas.

Por eso recomendaba el propio Juan Cruz un «periodo de reclusión y de reflexión», una cuarentena que hiciera recapacitar a los periodistas sobre sus límites, sobre su pudor, sobre su papel de observadores y sobre la «excesiva preponderancia al espectáculo», aunque la dieta conlleve sustraerse a las ventajas pecuniarias del oficio de tertuliano.

¿Tanto dinero gana un tertuliano? Urge aclarar que la crisis ha diezmado los ingresos de la casta. Y que los cachés contemporáneos se alejan de los hitos que se alcanzaron hace quince o veinte años. Hubo tertulianos de renombre que llegaron a cobrar 6000 euros por una sola participación en el programa *59 segundos* de Televisión Española, como hubo canales autonómicos, ninguno tan rumboso como Canal 9 en la Comunidad Valenciana, que apoquinaban entre 800 y 1500 euros por tertulia a profesionales desplazados desde Madrid con todos los gastos pagados.

Fue la razón por la que la formación política Compromís vinculó las tertulias tanto a la maquinaria de la propaganda como a la malversación de fondos públicos. Un esquema bastante similar al que Esperanza Aguirre inculcó en Telemadrid y que su sucesora en el cargo, Cristina Cifuentes, trató de rectificar, bien por la castigada credibilidad del medio, bien porque la vigilancia de otras fuerzas políticas —allí está Ciudadanos— exige cuestionar la sumisión de las televisiones públicas —Canal Sur y TV3 son ejemplos inequívocos— a la consigna del partido gobernante.

En este mismo contexto de hipertrofia, se explica que el grupo socialista del Congreso reclamara en 2016 al entonces presidente de RTVE, José Antonio Sánchez, un inventario exhaustivo sobre el ejército de tertulianos que abastecían la radio y la televisión públicas.

Supimos entonces que ascendía la cifra a 144 y que los honorarios oscilaban entre los 150 y los 300 euros, aunque las dudas de los diputados socialistas también concernían a la afinidad gubernamental de muchos profesionales.

No es una novedad. Ni una peculiaridad del PP, pero ocurre que la cotidianidad de las elecciones ha convertido la tertulia política en un terreno de juego decisivo. Para trasladar mensajes a los votantes. Y para convertirse en el lugar prioritario donde se ejercen las presiones.

Y las presiones de los Gobiernos —nacional y autonómicos— son enormes, a expensas de la manipulación de las televisiones públicas. De ahí proviene la pérdida de la credibilidad y de la audiencia.

La polarización engrasa el sistema del tertuliaje, radicaliza los posicionamientos. De hecho, el desgarro político que ha supuesto la irrupción de Pedro Sánchez ha fomentado el antagonismo perfecto de los gladiadores mediáticos entre los tertulianos de la «fachosfera» y los colegas equivalentes de la «sanchosfera».

La fachosfera funciona como una fabulosa simplificación y como la expresión semántica y conceptual de la polarización. Sánchez no se limitó a inaugurar la legislatura entre tahúres y prestamistas. Lo que hizo fue levantar un muro que separaba el bien del mal. No ya colocando al PP y a Vox en el hedor y el fango, sino degradando a los votantes que los representan, como si la fachosfera delimitara el antagonismo y la superficie de Mordor.

La fachosfera es la coartada que utiliza Sánchez para garantizarse la inmunidad política y el blindaje de sus aberraciones. Cualquiera es legítima y válida si la refutan sus enemigos. Incluso cuando las señales de alerta de la fachosfera atañen a la enmienda que Junts y ERC han impuesto para sustraerse a un eventual delito de terrorismo.

Son ellos quienes han acuñado el terrorismo *light*, el terrorismo respetuoso, el terrorismo sin querer, el microterrorismo y todas las fórmulas indulgentes cuya siniestra amplitud conceptual protege a los artífices de las mayores barbaridades.

La fachosfera son los otros, para entendernos, aunque llaman la atención las propiedades retráctiles y contráctiles del territorio. Cambia de aspecto y de tamaño precisamente porque la naturaleza provisional y mercurial del sanchismo modifica a brochazos la identidad del adversario. Los mismos socialistas que se avergonzaban de la amnistía la han aclamado como una genialidad. Y se han puesto a salvo de etiquetarse como fachosféricos, igual que sucede a los camaradas de Sánchez que velaban por la línea roja del terrorismo. Una vez vulnerada y pisoteada, urge distanciarse de la memoria y del compromiso. Y atribuir a la fachosfera toda la energía negativa que se opone al progreso de la sociedad.

¿Qué es entonces la sanchosfera? La sanchosfera es el eje del bien, el lado fértil y embriagador del muro. La sanchosfera es el régimen de mansedumbre y de sumisión donde prevalece la devoción a Sánchez por encima de cualquier principio político y decencia ética. La sanchosfera es el sistema del miedo, de la sugestión y de las represalias que ejerce el presidente del Gobierno desde la concentración de poder. La sanchosfera es el medio y el lugar que neutraliza la discrepancia y el disenso, independientemente del metabolismo cambiante del patrón.

La sanchosfera es la tierra incontaminada, el paraíso encontrado, la Shangri-La donde florecen las rosas sin espinas y los rapsodas sin vergüenza. La sanchosfera es el régimen clientelar, la oficina de colocación de la prensa afecta, el solaz del tertuliano agradecido y del colega justiciero. La sanchosfera es la adhesión fanática al líder máximo, la idolatría incondicional al gurú.

¿Cuál es el porvenir de la tertulia? Convienen unos y otros comunicadores que la tertulia sobrepasa la coyuntura. La crisis política y económica, el *procés* o la pandemia o el caso Rubiales, les ha conferido la ubicuidad y el máximo interés, pero la fórmula lleva medio siglo arraigada y se ha demostrado insustituible.

Insustituible porque no se ha descubierto que existan ni razones para cambiarlas ni soluciones alternativas. El público la demanda y es barata. Por eso, en el momento de llegar a la tentación de sustituirlas, la pregunta es: «Vale, ¿qué pongo?».

La tertulia es la mera extrapolación mediática del hábito que tenemos los españoles, en casa o en el trabajo, de apasionarnos con las cosas que nos interesan. Sería la tertulia una suerte de bar o de taberna estilizados. Un plató, un estudio donde los tertulianos trasladan la vieja costumbre de la controversia y los hábitos de una sociedad cainita donde suele levantarse la voz —y a Vox— y donde dan ganas de pedir la última y marcharse.

«Una conversación —matizaba Sergio del Molino en el artículo ya mencionado— se parece a una narración en tanto que tiene arcos y se construye mientras sucede. La tertulia alcanza su verdad como arte cuando los tertulianos se fijan en lo que dicen los otros y contraargumentan. No se trae la razón de casa, sino que se gana en la arena, como en cualquier otro combate. Da lo mismo que tú te creas portavoz de la opinión recta: si no sabes defenderla, la pierdes. Nadie tiene razón *a priori* en una tertulia, todo se decide en el lance. Y bien saben los que se han enfrentado a discutidores profesionales que no es fácil salir victorioso frente a ellos. Yo he visto balbucear a sabios, incapaces de articular nada inteligente ante campeones del tertulianaje. Luego te los encuentras en la escalera, poseídos por el espíritu de la *ídem*, dándose cabezazos contra todas las réplicas elocuentes que no supieron decir en antena».